Hans Langner

LEICHT WIE EIN VOGEL

südwest

Hans Langner wurde 1964 in Karlsruhe geboren. Seit 1990 ist sein Leben von der Kunst erfüllt. Er liebt die Vielfalt und bleibt dadurch spontan und experimentierfreudig. Durch intuitives Erleben lässt er sich gerne von äußeren Umständen leiten. 1996 wird er aufgrund einer Vogelperformance in Hongkong von der Presse Birdman genannt. Fortan widmet er sein künstlerisches Schaffen dem Vogel und der Freiheit. Geduld, Akzeptanz, Hingabe und Vertrauen sind die Basis seines Lebens. www.birdman.de

Danksagung
Ein ganz besonderer Dank gilt meinen Eltern Eri und Hans, meinem Bruder Wofgang, meinem Partner Kurt, meinen besten Freunden, meinem Agenten Eckhart, meiner Fotografin Judith für die wunderschönen Fotos und meinem Lektor Harry, die alle an mich glauben und mir immer allen Freiraum geben, den ich brauche. Ich weiß das sehr zu schätzen.

Umschlaggestaltung: YMCK, München
Layout und Gesamtproducing: Lore Wildpanner, München
Projektleitung: Dr. Harald Kämmerer
Redaktion: Dr. Annette Hansen, München
Bildnachweis: Alle Illustrationen (Buch und Karten) stammen von Hans Langer, sämtliche Fotografien sind von Judith Haeusler
Druck und Bindung: Anpak Printing Ltd., Hong Kong

ISBN 978-3-517-08693-4
9817 2635 4453 6271

Inhalt

1. Hingabe und Vertrauen

Nimm's leicht und leicht hast du's.

Unbeschwert und frei durchs Leben zu gehen klingt wohl für die meisten von uns sehr verlockend. Für mich bedeutet dies Erfüllung. Diesen Zustand kann aus meiner Sicht jeder erreichen. Indem ich mir erlaube, einfach zu sein, ist mein Erleben einfach und leicht. Viele Jahre meines Lebens dachte ich, wenn mein Leben aufwendig und dadurch vermeintlich komplexer ist, bin ich mehr Wert. Unsinn. Dadurch hetze ich vielen Dingen hinterher, die oft oder nie erreichbar sind, oder wenn sie erreicht sind, sich als uninteressant und hinfällig herausstellen. Was nützen mir Wissen, Bildung und Aufwand, wenn ich keinen Zugang zu meinem Herzen habe? Ich denke, dass dies alles nur Ersatzbefriedigungen sind für etwas, das im Leben fehlt.

Indem ich gelernt habe, mein Herz bedingungslos in jeder Situation zu öffnen, werde ich spürbar berührbarer. Ich empfinde intensiver, da ich durch Öffnung das Leben direkt erfahren kann. Wie von selbst lösen sich Kompliziertheit und Schwere auf. Ich erlaube mir, weich und schwach zu sein. Ein Mann sollte hart und stark sein. Wer sagt das? Warum finden viele den weichen Mann fein? Um Schwäche zu zeigen, braucht man als Basis gefestigte Stärke. Weichheit ist ein Element, das mich stark berührt. Ich bin dadurch empfindsamer geworden. Es erinnert mich an die frühen Jahre meines Lebens, als ich noch ein Kind war und ich angst- und sorgenfrei lebte. Für alles war gesorgt. Ich brauchte mich um nichts zu kümmern. Warum sollte dies als Erwachsener anders sein?

Mit Vertrauen kann ich einfach geschehen lassen, mich dem Leben hingeben. Ich genieße den Zustand, meine Erfahrungen wie ein Kind zu erleben, das weder an gestern noch an morgen denkt. Ich nehme das Leben durch das jetzige Kindsein spielerisch von Moment zu Moment. Alles, was ich leicht nehmen kann, zieht ohne mich zu belasten einfach durch mich hindurch. Es bietet sich keine Reibungsfläche mehr und somit kann keine störende Reibung mehr entstehen. Und auch kein Widerstand gegen etwas, das mich aufhalten oder in irgendeiner Weise beschäftigen könnte. Mein Erleben ist dadurch unbeschwert.

Jeden Tag bin ich aufs Neue der Herausforderung ausgesetzt, alles, was mir widerfährt, leichtzunehmen. Es fängt bei den kleinsten Alltäglichkeiten an. Zum Beispiel wenn mir jemand die Vorfahrt nimmt, habe ich die freie Entscheidung, mich darüber zu ärgern oder es einfach als so geschehen hinzunehmen. Es ist vorbei und eh nicht mehr zu ändern. Mir wurde die Vorfahrt genommen. Na und? Das kann doch passieren. Wie oft habe ich schon jemandem die Vorfahrt genommen und bin dann erleichtert wenn der andere keinen Terror macht. Ich reagiere nicht mehr ärgerlich oder aufbrausend in solchen Situationen und nehme es als gegeben hin, ich lasse es stehen, ohne etwas damit zu machen. Dadurch kann ich den nächsten Moment rein und unbeschwert, ohne Vorgeschichte, erfahren. Die vorangegangene Situation löst sich dadurch einfach auf. Ärgere ich mich jedoch darüber, beeinflusse ich selbst die nächsten Sekunden, Minuten oder auch noch längere Zeit mit diesem Ärger. Mein Erleben besteht jetzt ausschließlich aus Ärger. Ich kann somit die Schönheit und unberührte Reinheit der nächsten Momente nicht als solche erleben, da ich im alten Groll stecke. Jeder Augenblick ist neu – und jetzt schon wieder uralt.

Zuerst ist es nicht einfach, die geschehenen Dinge als gegeben hinzunehmen, sie einfach als solche stehen zu lassen oder sie sofort loszulassen. Indem ich es jedoch ausdauernd und regelmäßig mit viel Geduld wie eine Fremdsprache übe, werde ich langsam, aber sicher zum Meister des Annehmens und Loslassens. Annehmen und Loslassen stehen in direkter Verbindung zueinander. Was ich annehmen kann, kann ich auch loslassen. Ich bin der Meinung, dass das jeder kann, wenn man sich nur liebevoll darauf einlässt. Oft hapert es daran, dass man die Dinge anders haben möchte, als sie sind. Dann können wir sie nicht annehmen. Oder wir halten uns krampfhaft fest und können deshalb nicht loslassen. Hingabe ist Annehmen und Vertrauen ist Loslassen. Beides bringt Gelassenheit, die ich sehr genieße.

Oft bekomme ich Bestätigung für die Entwicklung meines Lebens in meinen Träumen. Ramana Maharshi ist für mich der wichtigste Lehrer. Seine Lehre berührt mich tief im Innersten. In einem meiner Träume habe ich die Ehre, Ramana zu begegnen. Er sitzt auf einem Stuhl. Ich sitze zu seiner Rechten an seinen Füßen und habe den Blick auf ihn gerichtet. Hunderte von Menschen sind gekommen, um Ramanas Lehre zu hören. Er sitzt ihnen lange Zeit schweigend gegenüber. „Jetzt darfst du mir die Füße waschen", ist seine Anweisung an mich. Ich wasche seine Füße und trockne sie danach ab. Als ich fertig bin, sagt er: „Schaut, er ist die Hingabe." Damit war seine Lehre für diesen Tag beendet.

Nicht mehr reaktiv zu sein, ist ungemein erleichternd. Ich kann frei entscheiden, ob ich reagieren möchte und vor allem wie ich in bestimmten Situationen reagiere. Oft ist unsere Reaktion ein von uns nicht beeinflussbarer Mechanismus. Wenn uns jemand aus unserer Sicht ungerecht behandelt, beginnen wir uns dagegen zu wehren. Das kann sich eventuell durch Schreien entladen. Wir haben gelernt, dass bestimmte Reaktionen ein Verhalten des Gegenübers provozieren. Wenn ich rumschreie, hört der andere vielleicht auf, mit mir zu streiten. Somit habe ich das letzte Wort und gehe als Gewinner aus der Runde. Oder wir fühlen uns zum Beispiel so verletzt, dass wir anfangen zu weinen. Jetzt bekomme ich Trost vom Gegenüber und bin dadurch wiederum Gewinner. Warum wollen wir eigentlich immer gewinnen? Weil wir das Gefühl haben, im Recht zu sein, und dass somit jede unserer Handlungen gerechtfertigt ist. Selbst wenn wir tief in unserem Inneren wissen, dass wir ungerecht handeln.

Unser Leben scheint oft wie ein unentrinnbares Hamsterrad zu sein, dem wir komplett ausgeliefert sind. Zumeist sind unsere Reaktionen in bestimmten Situationen dieselben. Wir erleben uns wie in einer Schleife, in die wir schon wieder unfreiwillig hineingeraten sind. Wir können nicht entkommen. In diesen Situationen sind wir oft beleidigend und sehr verletzend gegenüber anderen. Wir rechtfertigen dies jedoch oft damit, indem wir sagen, dass wir eben so sind. Das ist natürlich sehr einfach und dadurch gibt es keine Veranlassung, an uns zu arbeiten oder uns zu verändern. Jeder kann jeden Moment seine Meinungen und Glaubenssätze ändern und sich somit auch selbst verändern. Man muss es nur voll und ganz wollen. Niemand anderes verändert uns, wir sind diejenigen, die sich selbst verändern. Jeder bestimmt den Punkt der Veränderung selbst. Ich bemühe mich bewusst, etwas zu tun, und halte das Hamsterrad an. Versuche nicht gleich zu reagieren, atme erst einmal durch und bin gewillt, die Situation nicht wie gewohnt eskalieren zu lassen. Ich halte inne und nehme das, was mir widerfährt, nicht mehr persönlich. Ich kann es wie ein Film als Außenstehender betrachten.

Es passiert zwar diesem Menschen, sprich mir, hat aber mit meiner Person und mir letztendlich nichts zu tun. Das scheint im ersten Moment sehr abstrakt, verfestigt sich aber durch regelmäßiges Üben. Früher habe ich oft vorschnell reagiert. Wenn zum Beispiel eine Nachricht auf meinem Anrufbeantworter war, über die ich mich geärgert habe, habe ich sofort zum Hörer gegriffen. Heute ärgere ich mich entweder nicht mehr oder ich lasse es erst einmal in Ruhe auf mich wirken und melde mich erst einen Tag später. Oft hat sich dann schon alles relativiert und es entsteht kein Streit.

Des Weiteren finde ich sehr wichtig, dass ich mich selbst an die erste Stelle setze. Das heißt, ich nehme mich als Mittelpunkt meines eigenen Lebens wahr. Ich bin die Basis, um die sich alles dreht. Es folgt daraus eine neue Herausforderung: nicht egozentrisch zu sein, sondern alle und alles als gleichwertig zu betrachten. Dadurch beginne ich alles zu ehren, zu schätzen und zu lieben. Mitgefühl und Einklang stellen sich ein. Alles schwingt auf der gleichen Ebene. Es wird von nun an unanstrengend, da ich mich nicht mehr mit anderen vergleichen muss. Ich brauche nicht mehr darüber nachzudenken, ob sie besser, erfolgreicher, schöner und was sonst noch sind. Ich kann einfach alles so stehen lassen, wie es ist, und muss auch nichts mehr festhalten. Die Dinge geschehen lassen. In den Lauf des Lebens nicht mehr eingreifen. Ein schönes Bild hierfür ist ein Blatt, das vom Baum abfällt, in einem Bach landet und sich einfach treiben lässt, bis es sich im Laufe der Zeit auflöst. Es gibt sich einfach hin.

Alles Geschehene ist unwiederbringlich vorbei. Nichts kann rückgängig gemacht werden. Ich habe jedoch jeden Moment die Chance, komplett neu anzusetzen und somit neu zu beginnen. Die Vorgeschichte wird wie bei einer Filmspule mit der Schere abgeschnitten. Nur ein kleiner Schnitt verändert meine Wahrnehmung. Ich kann dadurch alles verzeihen und bin nicht mehr nachtragend. Es ist sehr mühsam, alte Dinge nachzutragen. Oft sind wir mit einem prall gefüllten Rucksack voller Dinge, die wir nachtragen, im Leben unterwegs. Wie anstrengend – und wir müssen uns auch noch jeden Tag daran erinnern, was es alles nachzutragen gibt, damit wir ja nichts vergessen. Es liegt an mir, ob ich den Rucksack weiterhin mit mir herumtrage oder einfach ablege. Jeden Tag neu zu erleben ohne Vorgeschichten, die den Tag mit Altem belasten. Indem mir das gelingt, klebt kein alter Ballast an mir und ich kann von nun an immer leicht und frei wie ein Vogel durchs Leben gehen.

Das Hingabegelübde oder die ungleichen Hintern

Ein geistiger Lehrer fragt mich eines Tages, worauf mein Leben basiere. Ich antworte ihm, dass ich darüber nachdenken werde. Am nächsten Tag ist meine Antwort, mein Leben basiere auf Geduld, Akzeptanz, Hingabe und Vertrauen. Er antwortet: „Geduld ist das Wichtigste." „Deshalb habe ich es an die erste Stelle gesetzt", ist meine Antwort. „Morgen dürfen diejenigen von euch, die das möchten, ein Hingabegelübde abgeben", sind die letzten Worte des Meisters am Ende der Zusammenkunft. Ich beschließe, dabei zu sein. So eine Gelegenheit lasse ich mir nicht entgehen. Ich könnte ja wieder eine intensive Erfahrung machen. Wie so oft, oder besser gesagt immer, lasse ich mich überraschen, was da kommen wird, ohne darüber nachzudenken oder mich in irgendeiner Weise darauf vorzubereiten. Okay, ich geb's zu. Ich habe mich weiß angezogen, um bei meinem ersten Gelübde rein zu erscheinen. Nanna, eine sehr von mir geliebte Lehrerin, hat einmal zu mir gesagt, dass ich jemand sei, der von einem Zehnmeterbrett mit einem Kopfsprung in ein Schwimmbecken springt, ohne zu wissen, ob Wasser drin ist.

Der Tag des Hingabegelübdes ist gekommen. Es ist eine sehr einfache und unspektakuläre Situation. Man soll einen Partner wählen, sich diesem gegenübersetzen und sich nacheinander sagen, dass man sich von nun an bedingungslos hingeben wird. Die anderen sind stille Zeugen und warten, bis sie an der Reihe sind. Es sind nur noch wenige Teilnehmer übrig, als mich eine junge hübsche Frau fragt, ob ich die Zeremonie mit ihr machen möchte. Ich lehne freundlich ab und sage, dass ich es gerne mit dem Mann da drüben machen möchte. Ich frage ihn, ob das für ihn in Ordnung ist. Er sagt Ja.

Wenige Sekunden später sitze ich ihm gegenüber und weiß eigentlich gar nicht, warum ich ihn gewählt habe und der jungen Frau einen Korb gegeben habe. Er ist mir während der Treffen bislang nur negativ aufgefallen. Zumeist sitzt er in der ersten Reihe auf dem Boden, um dem Lehrer nah zu sein. Oft ist es ein Kampf, vorne zu sitzen, da diese Plätze sehr beliebt sind. Ich setze mich meist einfach dahin, wo Platz ist.

Der Mann in der ersten Reihe wird von einem heftig juckenden Ausschlag am ganzen Körper gequält. Seine Arme und Beine sind durch das andauernde Kratzen stark verletzt und über und über verkrustet. Sein Kratzen befremdet mich, es könnte etwas Ansteckendes sein, und das möchte ich auf keinen Fall bekommen. Es stört mich sehr, dass er sich auch am Hintern, mit der Hand, innerhalb der Hose kratzt. Wenn es mich am Hintern jucken würde, würde ich mich in die letzte Reihe setzen und mich nur von außen an der Hose kratzen, hoffend, dass es niemand sieht. Zu guter Letzt hat er noch extrem ungepflegte Zähne, die ihm großteils bereits ausgefallen sind. So, und diesem Mann, freiwillig von mir gewählt, sitze ich jetzt gegenüber. Wir machen aus, dass ich anfange. Ich sage, dass ich mich bedingungslos hingeben möchte. Ich spreche dies sehr aufgesagt aus, da ich mich in dieser Situation unwohl fühle. Ich kann mein Gelübde nicht mit dem Herzen fühlen. Das nimmt er wahr und meine Angespanntheit ebenfalls. Er fängt an, meine Wange zu streicheln und zu halten. Jetzt verspannt sich endgültig alles in mir und ich fühle mich so, als ob sich alles in mir zusammenzieht. Wieder fällt ihm das auf. Er nimmt seine zweite Hand und hält meinen Kopf links und rechts an den Wangen. Mit seinen Händen, die noch vor wenigen Minuten seinen blanken Hintern gekratzt haben. Soll ich schreiend weglaufen?

Plötzlich fällt mir ein, dass ich hier sitze, um ein Hingabegelübde abzugeben.

Ich könnte zum Beispiel versuchen, mich jetzt in diesem Moment, diesem Mann mit diesen Händen hinzugeben. Ihn so zu akzeptieren, wie er ist. Mit seinem Ausschlag und diesen Händen. Ich lasse mein Gesicht bedingungslos in seine Hände sinken. Ich verspüre, wie ich mich nicht mehr dagegen wehre, mich der Situation hingebe und dadurch ganz weich werde. Ich bewerte nicht seinen Ausschlag und das Kratzen und nehme ihn an, wie er ist. Bedingungslosigkeit macht sich breit. Jetzt küsst er mich auf den Mund. Zuerst bin ich wieder irritiert. Ich erwidere jedoch seinen Kuss. Eigentlich wäre ich angewidert gewesen in solch einem Moment. Doch in der Hingabe kann ich ihn lassen, wie er ist, und akzeptiere ihn als liebevollen Menschen, der mich behutsam und zärtlich Hingabe lehrt. Im Nachhinein bin ich ihm sehr dankbar.

BIRDMAN

2. Beruf und Berufung

Du kannst alles tun, außer du tust es nicht.

Ich sage von mir, dass ich einen Traum lebe. Ein schöneres Leben kann und möchte ich mir für mich nicht vorstellen. In meinen Träumen spiegelt sich das sehr oft wider. Ich bin zu Hause bei meinen Eltern und meine gesamte Verwandtschaft ist eingeladen. Sie sind gekommen, um mich und mein Können zu erleben. Ich kann fliegen. Dreimal hüpfe ich leicht hoch, hebe ab und beginne mehrmals über ihren Köpfen um den Esszimmertisch zu kreisen.

Nach meiner Landung auf dem Boden sind alle tief beeindruckt, bis auf auf meinen Onkel Rüdiger. Er kommt auf mich zu und sagt: „Du kannst fliegen, das ist gut. Kannst du jedoch auch übers Wasser gehen?" – „Natürlich kann ich über das Wasser gehen", ist meine Antwort. „Und wie machst du das?" – „Das ist ganz einfach", mit bedingungslosem Vertrauen."

Ich wache auf, der Traum ist zu Ende. Ich stehe auf und gehe in die Küche. Das Radio läuft. Es ist der Tag, an dem die Frauenkirche in Dresden eingeweiht wird. In dem Moment und wirklich in dem Moment, als ich die Küche betrete, fängt ein Pfarrer an zu sprechen. Er sagt: „Jesus geht über das Meer. Ein Jünger steigt aus dem Boot und geht unter." Jesus sagt: „Hab bedingungsloses Vertrauen", und somit kann er ebenfalls über das Wasser gehen.

Das Leben ist immer neu und ein ständiges Experiment. Es bietet uneingeschränkte Möglichkeiten für uns alle. Machen – ohne sich beirren zu lassen. Spontan und intuitiv dem zu folgen, was sich zeigt. Es gibt unvorstellbar viele Möglichkeiten, wie man jeden neuen Tag verbringen kann. Indem sich keine Routine einstellt, gibt es auch keine Langeweile mehr. Es wird einfach alles zum ersten Mal erlebt. Somit hat Stumpfheit keinen Bestand und verflüchtigt sich. Man kommt mehr und mehr in den Fluss des Lebens und beginnt, einfach viele Dinge auszuprobieren. Es gibt nichts zu verlieren. Mit Mut können wir vieles vollbringen, wovon wir nicht zu träumen wagen. Oft gehört Springen ohne Absicherung dazu. Ein Seil hält uns am Alten fest und somit können wir das Neue nicht bedingungslos geschehen lassen und erleben. Das fällt wohl vielen von uns schwer. Doch wenn wir erst einmal gelernt haben zu springen, können wir fast nicht mehr anders, als immer größere Sprünge zu wagen. Dadurch wird unser eigenes Leben unberechenbar, erfrischend und bleibt oder wird spannend. Jeden Tag ist es dadurch neu. Sich dem Ungeahnten zu stellen, bringt Vielfalt und Erfüllung in unser Leben.

Die für mich richtigen Berufe gefunden zu haben, lässt mich zufrieden und glücklich durchs Leben gehen. Ich fühle mich berufen, für das, was ich tue und wovon ich lebe. Berufung zu erfahren ist ein wunderbares Gefühl, ich gebe mich dem Rufen bedingungslos hin, lausche und folge dem, was auftaucht, ohne mich beirren zu lassen. Somit öffne ich mich für Dinge, die ich mir selbst nicht ausdenken könnte. Es ist wie eine Eingebung. Etwas wird mir gegeben. Geschenkt. Ich brauche es nur anzunehmen. Das Erstaunliche dabei ist, dass es sich durch große Offenheit verändern und weiterentwickeln kann. Indem ich lerne, dem Ruf zu folgen, das heißt meinen eigentlichen Bedürfnissen nachzukommen, kann ich den oder die für mich richtigen Beruf bzw. Berufe finden. Ich ergreife nicht irgendeinen Beruf des Erfolgs oder des Geldes wegen, da ich mich nicht traue, meinem sehnlichsten Wunsch zu folgen. Sicherheiten gibt es natürlich nicht. Ich kann nur sehen, ob es richtig für mich ist, indem ich es ausprobiere. Funktioniert es nicht – na und, dann kann ich andere Dinge ausprobieren. Was heute für mich stimmt, kann morgen schon hinfällig sein.

Viele Jahre weiß ich überhaupt nicht, welchen Beruf ich ergreifen soll. Ich beneide alle, die schon früh wissen, was sie möchten. Als Jugendlicher ist es ein Traum von mir, auf eine Schauspielschule zu gehen. Ich traue mich in jungen Jahren jedoch nicht, es in Angriff zu nehmen, da ich mir viel zu viel Gedanken darüber mache. Es sind leider oft die Gedanken, die alles vernichten. Wahrscheinlich werde ich eh nicht angenommen oder ich werde keinen Erfolg haben, da ich nicht gut genug bin oder es sowieso viel zu viel Konkurrenz gibt. Das sind alles gute Gründe, warum ich es bleiben lasse, mich zu bewerben.

Ich habe nichts zu verlieren. Ich verliere es nur, indem ich es nicht tue und es mir selbst dadurch kaputt mache. Das ist der einzige Moment, in dem ich es verlieren kann. Nur durch mich selbst. Oder wenn jemand in meinem

Umfeld ständig sagt: „Tu das nicht, du kannst das nicht, du darfst das nicht“, und ich auf ihn höre. Im Alter von 26 Jahren bin ich endlich so weit, Prüfungen an Schauspielschulen abzulegen. Mittlerweile bin ich zu alt, um an einer staatlichen Schule genommen zu werden. Wieder ein guter Grund, es einfach zu lassen. Doch jetzt will ich es wissen. Jetzt oder nie. Ich hab es dann zumindest versucht und mache mir nicht mein Leben lang Vorwürfe, dass ich es nicht ausprobiert habe.

An der Münchner Falckenbergschule bewerbe ich mich als Jürgen Langner mit dem Lebenslauf meines Bruders, und bin somit sechs Jahre jünger. Wenn ich genommen werde, spiele ich meine erste Rolle – die meines Bruders. Es nützt jedoch nichts. Ich fliege in der ersten von drei Bewerbungsrunden raus. Der Traum von der Falckenbergschule ist schnell geplatzt. Es bleiben noch private Schauspielschulen, an denen ich mich als Hans Langner bewerben kann, da die Altersbegrenzung nicht so streng ist. Die Aufnahmeprüfung an der nächsten Schule verläuft nicht besser. Ein Schauspiellehrer nimmt mich nach der Prüfung zur Seite und versucht mir vorsichtig zu vermitteln, dass ich kein Talent habe. Das kann und will ich nicht hören. „Ich will und werde Schauspieler sein“, sind meine Worte bei der Verabschiedung. Hocherhobenen Hauptes verlasse ich die Schule, obwohl mir eigentlich zum Weinen zumute ist.

Bei der dritten Schule klappt es endlich. Ich bin angenommen. Überglücklich und stolz freue ich mich auf den ersten Tag. Endlich bin ich so weit, das zu tun, wozu ich Lust habe und wohin es mich schon so lange zieht. Erst durch die Schauspielschule beginnt die Entwicklung meiner Kreativität. Ich konnte zu dieser Zeit nicht erahnen, dass der Weg des Schauspielers nur ein Umweg zum Künstler ist. Während dieser wunderbaren Ausbildung zum Schauspieler beginne ich zum Ausgleich intensiv zu malen. Eine erste Serie abstrakter Bilder entsteht. Über den Umweg der Schauspielschule finde ich meine wahre Berufung.

Durch den Beginn der Schauspielausbildung wage ich den ersten großen Sprung zur Veränderung in meinem Leben. Ich bin zwar nie Schauspieler geworden, habe mich aber auch zum Glück, trotz der vielen Hindernisse, nicht von meinem Weg abbringen lassen. Ich lerne während der Ausbildung frei zu sprechen und verliere meine Angst, vor Publikum zu stehen. Meine Stimme und die Aussprache werden modeliert. Ich lerne aufrecht zu stehen und zu gehen, einfach präsent zu sein. Mit dem Beginn der Schauspielausbildung habe ich endgültig meinen bisher aufgebauten Berufsweg verlassen. Ich fange noch einmal komplett von vorne an. Nach einer Ausbildung zum Groß- und Außenhandelskaufmann, Zivildienst im Krankenhaus und zwei Jahren Praxis im Textileinzelhandel wollte ich Textilbetriebswirtschaft studieren. Es ist nie zu spät, neu anzufangen und all das Alte zu verlassen.

Durch den Neubeginn habe ich das Gefühl, mir und meinem Innersten zum ersten Mal treu zu sein, und dadurch kann sich alles wundersam entwickeln. Wichtig ist noch der Hinweis auf Geduld. Natürlich kann ich nicht von Anfang an perfekt sein. Ich bin dabei, etwas Neues zu erlernen. Das Vergleichen mit anderen sollte unbedingt aufgegeben werden, denn wenn ich mit einer Schauspielausbildung beginne, kann ich wahrscheinlich nicht kurz danach eine Hauptrolle beim Film bekommen oder auf großen Bühnen stehen. Lausche dem Ruf, folge deinem Ruf, dann bist du berufen. Den für mich bestimmten Beruf gefunden zu haben, lässt mich am richtigen Ort zur richtigen Zeit sein. Ich bin sehr dankbar, das für mich Passende in diesem Leben gefunden zu haben. Dies ist eines der größten Geschenke meines Lebens, das ich mir letztendlich selbst geschaffen habe. An dieser Stelle möchte ich meinen Eltern danken, die mich immer das haben machen lassen, wozu ich Lust hatte.

Allverbundenheit und Zufriedenheit stellen sich nach und nach ein. Ich fühle mich in meinen Berufen stimmig und dadurch bin ich glücklich. Ergänzend kommt hinzu, dass ich weiß, das Richtige zu tun. Und somit vollbringe ich auch Sinnvolles. Ich bringe durch meine Arbeit Fülle in mein Leben und auch in jenes von anderen. Oft habe ich mich in meinen abgelegten Berufen gequält und unwohl gefühlt. Das ist endgültig vorbei, seitdem ich den Künstler in mir entdeckt und zugelassen habe. Die Kunst ist, es zu machen. Ich kann aus eigener Erfahrung nur sagen, man sollte sich einfach trauen und es dann tun. Ergänzend zur Malerei komme ich zur Objektkunst. Mein erstes Atelier ist eine alte Backstube. Als ich sie miete, steht sie voller Gerümpel, hauptsächlich sind dort Backstubengegenstände. Daraus erschaffe ich meine ersten Objekte.

In Hongkong lebe ich in einer Wohnung mit Dachterrasse, die durch eine Stufe unterteilt ist. Darin sehe ich eine Bühne und beginne mit Performancekunst. Meine Kostüme und das Bühnenbild gestalte ich selbst. Von der Performance inspiriert, integriere ich von nun an zusätzlich diese beiden Elemente in meine Arbeit. Daraus entstehen in der weiteren Entwicklung Installationen. Ich beginne Räume zu transformieren.

Mein Berufsleben bleibt durch ständige Abwechslung immer spannend, da ich nicht wissen kann, an was ich morgen arbeite. Ich limitiere mich für nichts, für gar nichts. Ein Jahr habe ich mein kreatives Schaffen einer Bühnenproduktion gewidmet, bei der ich all meine bis dahin erprobten, künstlerischen Elemente verbinde. Es war eine große Herausforderung, mit so vielen Menschen gleichzeitig zu arbeiten und sie alle in einem Projekt zu vereinen. Nachdem wieder etwas Zeit vergangen ist, beginne ich zu komponieren. Ich schreibe Lieder, die ich begleitend zu meinen Performances singe. In meinen Berufen bin ich nicht ausgebildet. Ich bin dafür berufen. Somit brauche ich keine Ausbildung, da es sich einfach durch mich manifestiert. Aphorismen und erlebte oder geträumte Kurzgeschichten werden zu Papier gebracht.

In Hongkong widme ich mein Schaffen hauptsächlich der Performancekunst. Alles basiert auf dem Thema Vogel und Käfig. Es folgen Befreiungen aus Käfigen, da ich gegen Lebewesen in Käfigen bin. Es ist ein sehnlichster Wunsch und einer der größten Träume der Menschheit zu fliegen. Wir sperren jedoch die Lebewesen ein, die dafür geboren sind, nur da sie schön aussehen und schön singen können. Ein Traum erfüllt sich, wenn es keine Vögel mehr in Käfigen gibt. Macht alle Käfigtüren auf und lasst sie fliegen. Kritiker könnten hierzu sagen, dass die Vögel dann verhungern, erfrieren oder gefressen werden. Einen einzigen Tag im Leben zu fliegen ist jedoch kostbarer als ein Leben lang in Gefangenschaft zu verbringen.

Bei einer weiteren Performance zu einer Ausstellungseröffnung zerstöre ich einen antiken, von mir golden gefärbten Bambusvogelkäfig. Nach der Performance kommt ein alter Herr zu mir und fragt mich, warum ich diesen schönen Käfig kaputt gemacht habe? „Es gibt keine schönen Käfige", ist meine Antwort.

Berufliche Erfüllung ist für mich, wenn mir das, was ich tue, Spaß macht und ich dadurch Schönheit in die Welt bringe. Durch meine Einfachheit bei der Malerei, meinen Kostümen, den Liedern und den Texten haben viele Menschen leichten Zugang zu meinen Botschaften. Klarheit ist aus meiner Sicht wichtig. Vieles ist so kompliziert, dass unser Wesen diese Klarheit wohlwollend aufnimmt. Meine Vögel werden im Laufe meines Schaffens immer klarer und einfacher. Ich reduziere sie auf das Wesentliche. Schnabel, Augen, Körper und Beine in möglichst wenigen Strichen. Meine künstlerische Herausforderung besteht darin, dass meine Kunst immer einfacher und zugleich immer vielseitiger wird.

Nach einem Performancefestival in Hongkong kommt ein Chinese auf mich zu und sagt: „Du bist der Birdman und du malst keine Vögel?" Was für eine wunderbare Idee.

Es ist so naheliegend und ich komme selbst nicht darauf, da ich auf Performance fixiert bin. Ich gehe nach Hause und beginne Vögel zu malen. Noch nicht ahnend, wie viele Vögel ich im Laufe meines Leben malen werde. Den Künstlernamen Birdman und das Motiv der Vögel habe ich von den Chinesen geschenkt bekommen und zum Glück habe ich beides angenommen. Ich gehe voll und ganz darin auf. Wer seine Berufung gefunden hat, geht mit Begeisterung seinen Weg und tut und gibt dafür alles.

Die Körbe der anderen

Ein Fischer ist in seinem Dorf sehr beliebt, denn er ist ein sehr fleißiger Fischer. Jeden Morgen sticht er in See. Er bleibt den ganzen Tag und kommt am Abend mit prall gefüllten Netzen zurück. Er nimmt sich, was er am Abend essen möchte, und verschenkt den Großteil an das ganze Dorf. Er geht von Haus zu Haus und legt in die bereitgestellten Körbe ihre Fische. In seinem Dort braucht niemand zu hungern, da der Fischer immer genügend Fische verteilt. Die Dorfältesten sitzen bis spät in die Nacht beisammen und unterhalten sich über ihren Fischer. Sie sind sehr stolz auf ihn. Ein Ältester schlägt vor, dass der Fischer von nun an auch die Bäume fällen könnte, damit sie nicht so viel Arbeit damit hätten. Sie hätten ja schließlich genug gearbeitet in ihrem Leben. „Außerdem ist der Fischer sehr fleißig, er macht das bestimmt gerne für uns."
Vom nächsten Tag an macht der Fischer, wenn er am Abend nach dem Fischen nach Hause kommt, noch viele Stunden Holz. Er fährt

in den Wald, fällt die Bäume, zersägt sie und spaltet sie. Wiederum geht er von Haus zu Haus und legt die Holzscheite in die leeren Körbe. So geht es tagein und tagaus. Alle im Dorf sind zufrieden. Oft schläft der Fischer ganz erschöpft vom vielen Arbeiten ein. Manchmal schläft er sogar nach dem Essen am Tisch ein. Er beklagt sich jedoch nicht, sondern macht alles, wie es ihm aufgetragen ist. Wieder sitzen die Ältesten beisammen. Unsere Gärten sind verwildert. Der Fischer könnte doch, bevor er aufs Meer hinausfährt, im Morgengrauen, wenn es noch schön kühl ist, unsere Gärten pflegen. Außerdem ist der Fischer sehr fleißig, er macht das bestimmt gerne für uns. Vom nächsten Tag an pflegt der Fischer die Gärten, bevor er zum Fischen geht. Er mäht den Rasen, gießt, schneidet die Büsche, pflückt das Obst und schneidet Blumen. Das Obst und die Blumen legt er in die leeren Körbe. Alle sind glücklich. Sie haben immer genug zu essen, kalt ist es ihnen auch nicht und es stehen immer frische Blumen auf dem Tisch. Alle sind glücklich und schlafen immer sehr beruhigt ein.
Einem in Dorf ergeht es jedoch anders. Er schläft nun nicht mehr nur am Tisch ein, da er nur noch drei Stunden pro Nacht schläft, sondern auch beim Fischen. Somit entgeht ihm so mancher Fisch. „Ich bringe nicht mehr genug zu essen für die Dorfbewohner", macht sich der Fischer Vorwürfe. Er beginnt, für sich weniger Fisch zu nehmen, da er sowieso oft keine Zeit mehr hat zum Kochen oder das Essen einfach ganz vergisst. Die Körbe der anderen sind auch nicht mehr so prall mit Fisch gefüllt. Dass sie jedoch Holz, Obst und Blumen in ihren Körben finden, zählt schon lange nicht mehr. Das ist doch selbstverständlich. „Wir müssen mit ihm reden", beschlie-

ßen die Ältesten. „So kann es nicht weitergehen. Unsere Körbe sind nicht mehr so gefüllt, wie sie es einmal waren. Wie kannst du das erklären?“ – „Ich werde eure Körbe wieder wie gewohnt füllen.“ Der Fischer arbeitet von nun an nur noch, ohne zu schlafen. Er lernt, dass Meditation viel Kraft gibt, und fällt, während er meditiert, in eine tiefe Ruhe. Da er jedoch nicht mehr genügend isst, wird er dünner und dünner. Niemandem fällt das auf. Sie bekommen ihn fast nie zu Gesicht. Wenn sie wach sind, ist er auf dem Meer, und wenn sie schlafen, macht er das Holz und pflegt die Gärten.

Viele Monate gehen ins Land. Mittlerweile ist der Fischer so dünn und schwach geworden, dass er kaum sein Boot vom Strand ziehen kann. Er kann die prall gefüllten Netze nicht mehr aus dem Wasser ziehen und lässt viele Fische frei. Eines Tages lässt er einen sehr großen Fisch frei und bedauert das sehr. Viele Körbe wären damit gefüllt worden. Er kann ihn jedoch einfach nicht aus dem Wasser ziehen. „Du bist ein wahrer Diener der Hingabe“, blubbert es aus dem Wasser. „Wer spricht hier zu mir?“, denkt sich der Fischer und schaut aufgeregt ins Wasser. „Ich, der große Fisch. Es ist gut, sich anderen hinzugeben. Alles was du für andere machst, machst du für dein Selbst. Darf ich dir nur einen Rat geben?“ Er spricht weiter, ohne eine Antwort abzuwarten. „Setze dich an die erste Stelle. Diene dir selbst und somit dienst du allen anderen. Zehre dich nicht aus, denn die anderen brauchen dich, egal aus welchem Motiv. Trage jedoch nicht mehr, als du tragen kannst. Teile alles, was du hast, lasse dich aber in selbem Maße beschenken.“

3. Kreativität und Fantasie

Teile und finde dadurch das Ganze.

Oft werde ich gefragt, ob mir die Ideen nicht ausgehen. Dies kann ich mit einem klaren und bestimmten Nein beantworten. Je länger ich kreativ arbeite, desto kreativer bin ich. Am Anfang war es eine kleine Quelle, aus der ein paar Tropfen gesprudelt sind. Mittlerweile ist es ein reißender Strom, der nicht mehr aufzuhalten ist. Im Gegenteil – ich habe viel zu viele Ideen, um sie in einem Leben zu verwirklichen. Andauernd muss ich mich entscheiden, welche Projekte ich sofort umsetze und welche ich aufschiebe. Durch das Aufschieben kann es passieren, dass sie in Vergessenheit geraten und sich dadurch nie manifestieren. Das Entscheidende bei der Kreativität ist, dass man sich entscheidet, es wirklich zu tun. Ich habe schon viele Menschen kennengelernt, die wunderbare Ideen haben, sie jedoch einfach nicht umsetzten. Ich kann jedem nur empfehlen, es einfach zu tun und nicht zu warten, denn es kann dann irgendwann zu spät sein.

Indem ich mich beim kreativen Schaffen nicht limitiere und auch immer gerne offen für Experimente bin, ist mein Schaffen so vielseitig. Zumeist mache ich das, was angefragt ist. Möchte ein Galerist eine Ausstellung mit meinen Werken machen, dann male ich. Wenn ich eine Buchung für einen Auftritt habe, kreiere ich ein Kostüm und schreibe den passenden Song dazu. Es reizt mich zum

Beispiel auch, Kostüme und Bühnenbilder für Opern zu entwickeln. Wenn die Zeit reif ist, wird es bestimmt geschehen, und wenn es nicht sein soll, mache ich einfach etwas anderes. Mein Erleben ist dadurch sehr zwangfrei geworden, da ich einfach nehmen kann, was kommt. Und das, was nicht kommt, vermisse ich nicht.

Ich bin der Meinung, dass wir alle von der Basis her identisch sind. Das heißt, dass wir alle das gleiche Potenzial an Kreativität und Fantasie haben. Ich kann immer sehr schnell erkennen, wenn ein Kind von zu Hause aus kreativ gefördert wird. Es kommt also auch bei der Kreativität mal wieder darauf an, wann und wie man dazu hingeführt wird. Ich bin als Kind künstlerisch nicht gefördert worden und im Kunstunterricht bin ich auch nicht positiv aufgefallen. Im Gegenteil, es hat mir in der Schule nicht viel Spaß gemacht. Die Vorgaben waren mir immer zu unfrei. Ich habe mich schon beengt und gezwängt gefühlt, bevor sich Kreativität entwickeln konnte. Ich kann mich an eine große Palette mit Buntstiften erinnern, die ich einmal als Kind geschenkt bekommen habe. Gemalt habe ich jedoch nicht sehr viel mit ihnen. Es hat mir am meisten Spaß gemacht, sie stundenlang nach Farben zu ordnen und zu sortieren.

Ausschlaggebend für die Entwicklung meiner Kreativität war mein Freund Oliver. Ich bin mit 25 Jahren bei ihm eingezogen. Zu der Zeit befand ich mich noch immer im Zustand der Identitätsfindung. Ich war noch immer nicht sicher, welchen Beruf ich ergreifen soll. Oliver hat sich regelmäßig mit seinem Freund Burghard zum Malen getroffen. In unserer Wohngemeinschaft wurde an solchen Abenden das Wohnzimmer in ein Atelier verwandelt. Sie haben gemeinsam gemalt. Ich bin danebengesessen und habe mich vom Fernsehprogramm berieseln lassen. Sehr gerne hätte ich mitgemalt. Sie haben mich jedoch nicht gefragt und ich wollte ihre Zweisamkeit nicht stören.

Bis Burghard an einem vereinbarten Abend nicht kam. Oliver hatte für ihn eine Leinwand besorgt, die jetzt frei war. Er hat mich zum Glück gefragt, ob ich auch einmal versuchen möchte, ein Bild zu malen. Auf diese Frage habe ich nur gewartet. Mit großer Begeisterung habe ich natürlich sofort Ja gesagt, da ich schon monatelang gerne mitgemalt hätte.

Innerhalb von Minuten war die Leinwand bemalt. Es war wie eine Explosion. Ein Farbrausch. Das erste Umgehen mit flüssiger Farbe hat mich fasziniert und mitgerissen. Die Farben waren so intensiv und leuchtend. Angestautes ist aus mir gesprudelt. Nachdem meine erste Leinwand bemalt war, wollte ich natürlich sofort weitermalen. Wenn ich etwas mache, dann immer voll und ganz. Halbherzigkeit ist unbefriedigend. Es gab jedoch keine weitere Leinwand mehr und die Geschäfte waren auch schon geschlossen. Aufgeregt habe ich die Wohnung und den Keller nach bemalbaren Materialien durchsucht. Ich hatte Blut geleckt und musste jetzt sofort weitermalen, egal wie und egal auf was. Die weißen Regalbretter in der Küche wären hervorragend geeignet gewesen. Nach langen Verhandlungen mit Oliver hat er es mir nicht erlaubt. Er bestand darauf, dass seine Regalbretter so bleiben, wie sie sind, was ich im Nachhinein auch verstehen kann. In dem Moment ist es mir jedoch schwergefallen, das zu akzeptieren. Ich beschloss, das Haus zu verlassen, um nach bemalbaren Gegenständen zu suchen. Koste es, was es wolle, ich musste Maluntergründe haben, und zwar sofort. Bis zum nächsten Tag zu warten, war einfach unmöglich. Als ich aus dem Haus kam, war ich wahrlich verblüfft. Ich musste keine fünf Meter gehen. An unserer Garage standen circa 20 halbtürgroße Holzplatten für den Sperrmüll bereitgestellt. Träume ich? Kann das sein? Die tollsten Maluntergründe und so viele und dann noch kostenlos. Ein Geschenk des Himmels. Nach und nach trug ich die fette Beute ins Wohnzimmer. Jetzt konnte der Farbrausch erst richtig beginnen.

Bis in die frühen Morgenstunden habe ich gemalt, bis alle Platten farbig und die Farbdosen fast aufgebraucht waren. Oliver hat sich Sorgen gemacht und sich gefragt, ob bei mir eine Sicherung durchgebrannt sei. Ich denke, das war auch so. Es hat sich die Blockade des Sich-nicht-Trauens gelöst. Das war mein erstes Erleben mit der Malerei. Ich bin Oliver bis heute außerordentlich dankbar, dass er mir meine erste Leinwand zur Verfügung gestellt hat. Damals war noch nicht zu erahnen, dass ich mich zu einem Künstler entwickeln würde. Hätte mich vor diesem Farbrausch jemand gefragt, ob ich malen kann, dann hätte ich mit Bestimmtheit ein klares Nein von mir gegeben. Und das finde ich so schade, dass viele Menschen es einfach nicht mal ausprobieren. Sie sagen: „Das kann ich nicht“, und erleben dann leider nie den Moment des eigenen Schaffens. Ich kann jedem nur empfehlen, es auszuprobieren. Es muss nicht unbedingt ein Beruf daraus werden. Kreativ tätig zu sein, ist ja auch ein wunderbares Hobby. Es kann einfach erfüllend sein, wenn man etwas Eigenes geschaffen hat, das man dann verschenken kann oder sich an in die eigenen vier Wände hängt.

Bei meinen Kunstkursen für Kinder stelle ich immer wieder mit Bedauern und Erstaunen fest, dass es Kinder gibt, die von sich behaupten, dass sie nicht malen können. Ich sage jetzt durch meine langjährige Erfahrung, dass es so etwas nicht gibt. Jeder kann malen. Kinder können nicht malen, wenn jemand zu ihnen sagt, dass sie nicht malen können. Zum Beispiel ein Eltern- oder Geschwisterteil, ein Lehrer oder irgendeine andere Person. Wir sind sehr sensibel, und als Kinder noch viel mehr. Wenn ich mir vorstelle, ich sei ein Kind und male mit Begeisterung ein Bild, das mir gefällt, und dann sagt jemand, dass es nicht gut ist, bin ich enttäuscht und höre auf zu malen. Es reicht auch der Satz „Du kannst nicht malen“. Ich verinnerliche das, glaube es und höre auf zu malen. Die Kreativität verkümmert. Dies hält sich dann für immer. Außer man versucht es, durch irgendeinen Anreiz zu lösen, und wagt einen zweiten Anlauf.

Immer wenn ich einem Kind begegne, das sagt, dass es nicht malen kann, nehme ich mir ein paar Minuten Zeit. Ich erzähle dem Kind, was ich beruflich mache, und zeige ihm meine einfachen Vögel und erzähle ihm von meiner Kunst. Das Kind weiß also, dass ich Künstler bin und dies mein Beruf ist. Es geht davon aus, dass ich sehr gut malen kann. Das höre ich auch oft von Kindern, die mir mit wahrer Bewunderung sagen: „Du kannst aber gut malen." Ich bedanke mich dann und mache den Kindern Mut, dass sie das auch können. Jetzt nehme ich ein Blatt Papier und einen Stift zur Hand und male mit wenigen Strichen einen meiner Vögel. Ein Dreieck für den Schnabel, einen Kreis für den Körper, einen Kreis für das Auge, einen Punkt für die Pupille und ein paar Striche für die Beine. Der Vogel ist in Sekundenschnelle fertig. Fasziniert nimmt das Kind meinen sicheren und schnellen Strich wahr und ist erstaunt, wie leicht und rasch das geht.

Jetzt sage ich ihm, dass es dies auch einmal versuchen darf. Es nimmt den Stift und malt ebenfalls mit wenigen Strichen einen Vogel. Der gemalte Vogel sieht meinem Vogel immer sehr ähnlich, da es sehr leicht ist, meine Vögel nachzumalen. Jetzt wird das Kind von mir gelobt und sofort erstrahlen seine Augen. Es ist glücklich und stolz, dass es einen Vogel malen kann, genau so, wie es ein echter Künstler kann. Bislang bin ich noch keinem Kind begegnet, das nach dieser kleinen Vogelkunde noch von sich behauptet, dass es nicht malen könne. Ist das nicht wunderbar, dass so ein kleiner einfacher Vogel Kindern wieder Vertrauen zu sich und ihrer eigenen Kreativität geben kann? In solchen Momenten bin ich sehr zufrieden, dass ich durch meine Vögel Kinder inspirieren und dadurch glücklich machen kann.

Ich bin erstaunt, wie vielseitig dieses Thema interpretiert werden kann. Kinder finden sehr oft schnellen Zugang zu meinen Vögeln, da sie noch die Einfachheit und

Naivität in sich tragen, die viele Erwachsene leider längst verloren haben. Ich empfinde als Erwachsener mein Immernochkindsein als eines der schönsten Erlebnisse. Albern sein, kindlich sein, einfach sein. Einfachheit wird von vielen Erwachsene als ungenügend abgewertet. Sie erlauben sich nicht einfach zu sein, da man sie aus ihrer Sicht im Extremfall als naiv und dumm bewerten könnte.

Wer meine Kunst mit zu hohem Anspruch und zu viel Intellekt betrachtet, kann die Schönheit und Einfachheit nicht erkennen, die sie transportiert. Sie erwarten zu viel oder es ist ihnen zu glatt und reibungslos. Wir leben in einer sich schnell entwickelnden Welt, die aus meiner Sicht sehr kopflastig und kompliziert ist. Ich biete für viele Erwachsene zu wenig Interpretationsmöglichkeiten. Zu viel Intellekt überlagert den Zugang zu meiner Kunst. Ich male meine Vögel mit dem Herzen und aus dem Bauch heraus und deshalb kann man sie auch nur mit dem Herzen sehen. Die Formgebung entsteht intuitiv und spontan, möglichst ohne zu überlegen. Je schneller ich die Form festlege, desto intensiver ist ihre Ausstrahlung. Mir reicht es, wenn ich Ursprüngliches, Schönes und Positives durch mein Schaffen transportieren kann. Oft wird meine Kunst auch mit der Kunst von Urvölkern verglichen. Das ist für mich immer eines der größten Komplimente, die ich bekommen kann. Weniger ist mehr. Das ist auch die künstlerische Herausforderung, der ich mich stelle. Beim einzelnen Vogel immer einfacher zu werden und zugleich im Gesamten vielseitiger. Manchmal bekomme ich die Frage zu hören, was an einem so einfachen Vogel so besonders sein soll. Es gibt Menschen, die nicht verstehen, warum ich damit erfolgreich bin. Es scheint für sie einfach zu wenig zu sein. Doch es ist aus meiner Sicht eine große Lebenskunst, im Wenigen alles zu sehen. Ich fordere diese Menschen dann auf, ein zweites oder drittes Mal hinzusehen. Vielleicht ist es dann für sie zugänglich.

Für mich zählt es immer wieder zu den größten Kostbarkeiten, wenn ich meine Kreativität teilen und jemanden zur Kunst führen kann. Es gibt ja auch sehr viele Erwachsene, die von sich behaupten, dass sie nicht malen können. Ich finde es sehr wichtig, Kreativität und Kunstwerke nicht zu vergleichen. Ein Anfänger kann einfach noch nicht so gut sein wie ein Künstler, der das schon sein Leben lang macht und unzählige Werke geschaffen hat. Wenn jemand zum ersten Mal in mein Künstlerhaus kommt, könnte er sagen: „So etwas schaffe ich nie." Es wird dabei nur vergessen, dass ich schon viele Jahre an meiner Kunst und an diesem Haus arbeite. Es ist ein ständiger Prozess der Erweiterung und Wandlung. Mein bisheriges Werk ist also auch nicht über Nacht entstanden. Es gibt immer jemanden, der einem voraus ist. Man sollte versuchen, das eigene Geschaffene einfach als das zu sehen, was es ist. Neu und Einzigartig und dadurch rein und unschuldig wie ein Neugeborenes. Wer nimmt sich das Recht heraus, Kreativität zu beurteilen?

Alles Kreative wurde von jemandem geschaffen, der dies zumeist und im Idealfall mit Freude getan hat. Etwas Geschaffenes entspricht vielleicht nicht meinem Geschmack oder ich finde keinen Zugang dazu. Das heißt jedoch nicht, dass ich mir erlauben kann, es zu bewerten bzw. zu entwerten. Ein Außenstehender kann auch nicht beurteilen, was beim jeweiligen Schaffensprozess vor sich geht. Kreatives Arbeiten kann sehr befreiend sein, oft ist das Geschaffene nebensächlicher zu betrachten. Ich hätte mich bestimmt nicht zu dem entwickelt, was ich heute bin, wenn die Kunst mein Leben nicht beherrschen würde. Durch die ständige Auseinandersetzung mit der Kreativität werde ich frei und freier. Außerdem unterliegen viele kreativ Schaffende einem Entwicklungsprozess. Wenn jemand beginnt kreativ zu sein, kann man überhaupt nicht sagen, wohin es sich entwickeln wird.

Am Anfang habe ich sehr viel ausprobiert und mich an anderen Künstlern orientiert. Das ist mittlerweile nicht mehr notwendig, da ich von Kreativität erfüllt bin. Ich hätte auch nie gedacht, dass der Vogel zu meinem Leitmotiv werden würde, dass ich ein Künstlerhaus haben werde oder dass ich je ein Buch schreiben würde. Die eigene Kreativität verändert sich im Laufe der Zeit. Heute würde ich wahrscheinlich auch nicht mehr hundertprozentig hinter meinen ersten Werken stehen können. Oder vielleicht doch? Leider habe ich sie während meines Schaffens längst schon übermalt. Es gibt auch keine Fotos davon.

Fantasie macht es möglich, ein fantastisches Leben zu führen. Die folgende Geschichte von den gefallenen Bäumen klingt sehr fantastisch, ich habe sie jedoch genau so erlebt.

Ich sitze in meinem Garten und bemerke plötzlich eine unheimliche Stille. Es dauert eine Weile, bis ich erkenne, was anders ist. Kein Vogelgezwitscher ist mehr zu hören. Um herauszufinden, was los ist, gehe ich langsam um das Haus. Von Westen her sehe ich eine dunkle Wolkenwand mit unglaublicher Geschwindigkeit auf mich zurasen. Jetzt weiß ich, was los ist, es ist die Ruhe vor dem Sturm. Die Tiere haben ihren Instinkt nicht verloren. Sie nehmen den Sturm rechtzeitig wahr und bringen sich in Sicherheit. Ich laufe so schnell ich kann und schaffe es gerade noch ins Haus. Urplötzlich wird es am helllichten Tag stockdunkel. Der Wirbelsturm tobt um mein Haus. Ich schaue aus dem Fenster und sehe, dass meine Gartenmöbel durch die Gegend fliegen und große Bäume von der Windkraft durchgebrochen oder gar ganz ausgerissen werden. Der Sturm, von starkem Regen und großen Hagelkörnern begleitet, hält nur wenige Minuten an. Er hinterlässt jedoch eine unglaublich starke Verwüstung. Viele Bäume fallen ihm zum Opfer und liegen kreuz und quer am Boden. Mein Garten ist komplett verwüstet. Klaus, mein Vermieter, und ich haben viele Wochen sehr viel Arbeit mit der Zerkleinerung der Bäume. Der Lohn dafür ist Brennholz für viele Jahre. Zu Ehren der gefallenen Bäume errichte ich einen Kreis aus zwölf Elementen, die die gefallenen Bäume symbolisieren. Ich lasse sie in anderer Form auferstehen. Die Elemente bestehen aus zwölf dicken Baumstammscheiben mit jeweils einem großen Ast als Stamm und zwölf kleinen Aststücken als Queräste.

Als der Kreis erst wenige Wochen alt ist, besucht mich meine japanische Freundin Tei, die ich aus Hongkong kenne. Wir stehen circa einen Meter außerhalb des Kreises und ich erzähle ihr, dass ich ihn zu Ehren der gefallenen Bäume errichtet habe. Es ist ein wunderschöner Tag mit strahlendem Sonnenschein ohne eine einzige Wolke am Himmel. Plötzlich geht ein Blitz vor unseren Augen inmitten des Kreises nieder. Ein Blitz aus heiterem Himmel. Wir stehen beide wie vom Blitz getroffen da und können es kaum fassen. Der Blitz bleibt inmitten des Kreises, wir verspüren keine Hitze und keinen Druck. Ich sehe den Blitz als Einweihung für den Kreis. Das erste Feuer. Ich beschließe daraufhin, den Baumkreis zu meiner Feuerstelle zu machen. Wenn wir beginnen, uns zu trauen verrückt zu sein, kann sich durch uns Außergewöhnliches manifestieren, ohne dass wir Angst haben, anders zu sein. Jeder ist anders. Ein jeder von uns ist einzigartig und hat eine komplett eigene und unvergleichbare Lebensgeschichte.

Birdman trifft Bienenbetörer

Eine Performance verändert mein Leben. Je weniger Zeit ich habe, desto kreativer bin ich. In einem Zeitraum von drei Tagen müssen Kostüm, Bühnenbild, Sound und Licht entstehen. Dritter Tag, 18.00 Uhr. Um 20.00 Uhr kommen die Gäste. Alles ist fertig bis auf das Kostüm. Die Zeit wird knapp. Plötzlich die Idee – Federn! Ich will Federn am Körper haben. Wo habe ich Federn? Kopfkissen – Schlafzimmer. Ich reiße es auf. Weiß. Womit klebe ich sie an den Körper? Im Kühlschrank finde ich ein großes Glas Honig. Ich reibe meinen Körper komplett mit selbigem ein, stelle mich in das aufgerissene Kissen und beginne meine erste Verwandlung zum Vogel, indem ich die Federn auf meinen Körper klebe. Von diesem Moment an widme ich mein künstlerisches Schaffen der Vogelperformance. Ich transformiere vor Publikum vom Menschen zum Vogel oder umgekehrt. Nachdem ich einige Monate damit experimentiere, schreibt ein Redakteur in Hongkong „The Birdman of Hongkong". Das gefällt mir. Von nun an bin ich der *Birdman.* Ich bin zu diesem Namen berufen und nehme ihn dankend als großes Geschenk an. Meine meditativen Verwandlungen treffen den Nerv der Asiaten.

Durch meinen wachsenden Bekanntheitsgrad bin ich zur Teilnahme an einem Kunstprojekt, das an der Hafenpromenade von Hongkong stattfindet, eingeladen. „The great wall of China" ist eine Großinstallation, für die eine Mauer mit Türmen aus Bambusstangen aufgebaut ist. Circa 40 Künstler bespielen je einen Bambusturm. In meinen Turm sperre ich eine Vogelskulptur und setzte mich auf eine Schaukel die ich vom Turm hängen lasse. Mein Werk symbolisiert, dass die Menschheit entscheidet welche Lebewesen frei sind und welche in Gefangenschaft leben, wobei die Menschheit frei bleibt. Mein Kostüm besteht wieder aus Honig und Federn. Ich sitze noch keine fünf Minuten auf der Schaukel, als eine Biene angeflogen kommt. Sie versucht, auf mir zu landen. Ich schaukle stärker. Es hilft nichts, sie nimmt den Rhythmus des Schaukelns an und landet auf meiner Brust. Sie beginnt den Honig von meiner Haut zu lecken. Es kitzelt unbeschreiblich. Nach einigen Minuten fliegt sie davon.

Mir fällt ein Film über Bienen ein, den ich als Kind gesehen habe. Wenn Bienen Nahrung finden, fliegen sie ihn ihren Stock und machen für die anderen Bienen einen Kreistanz. So beschreiben sie, wo die Nahrung zu finden ist. Sie tanzt den Tanz der Hafenpromenade, auf der ein schaukelnder Honigberg sitzt. Ich bete, dass der Bienenstock weit entfernt ist. Bienen fliegen sehr schnell oder der Bienenstock steht in unmittelbarer Nähe. Nach wenigen Minuten kommen Bienen über Bienen, die alle versuchen, auf mir zu landen. Ich schaukle stärker und stärker. Wiederum hilft es nichts. Mittlerweile sitzen sie leckend im Fünf- bis Zehn-Zentimeter-Abstand auf mir. Kein Körperteil ist vor ihnen sicher. Sie sitzen auf meinen Augen, Ohren, auf meiner Nase, einfach am ganzen Körper. Es kitzelt, dass ich schreien könnte. Das Summen der Bienen wird durch ihre große Anzahl merklich stärker. Soll ich abbrechen? Können sie mir gefährlich werden? Werde ich bald ein komplettes Bienenkleid von Kopf bis Fuß anhaben? Sie tun mir nichts. Ich bin reine Nahrungsquelle für sie. Ein gefundenes Fressen sozusagen. Ich versuche mich zu entspannen, meditiere und lasse die Kitzeltortur über mich ergehen. Mit unzähligen Bienen auf mir sitzend und um mich fliegend, klettere ich im Zeitlupentempo in den Bambuskäfig um den Vogel zu befreien. Ich klettere mit dem Vogel, begleitet von fliegenden und auf mir sitzenden Bienen auf den Turm, um ihn symbolisch frei zu lassen. Nach dieser Tat klettere ich wieder nach unten. Die Performance ist zu Ende. Es helfen mir zwei Freunde die Bienen, von mir abzustreifen, die noch immer leckend auf mir sitzen. Wir werden nicht gestochen. Nach einer notdürftigen Dusche bin ich die Federn, den Honig und somit weitere Bienen los. Die Natur hat meine Performance vervollständigt, sie hat einen großen kreativen Beitrag geleistet. Vom Publikum werde ich mit begeistertem Applaus empfangen. Die erste Frage, die mir gestellt wird: „Wie haben Sie denn die Bienen für die Performance dressiert?“

4. Zeit und Geduld

Im Hier und im Jetzt sind wir schon längst. Sonst wären wir jetzt nicht hier.

Zeit ist unwirklich. Wir haben sie zwar in Sekunden, Minuten und Stunden unterteilt und wir nennen sie Sommer oder Winter. Dass Zeit jedoch immer andere Geschwindigkeiten haben kann, kennt wohl jeder. Wenn es langweilig ist, schleicht die Zeit dahin, und wenn etwas spannend ist, verfliegt sie. Je älter wir werden, desto schneller vergeht die Zeit. Für dieses Phänomen habe ich keine Erklärung. Es wird jedoch immer schlimmer. Ich drehe mich dreimal um und schon wieder ist ein Jahr vorbei. Die Zeit rast dahin und reißt uns mit – ob wir wollen oder nicht. Wieso haben wir oft leider keine Zeit für die Momente, die uns wichtig sind? Wir nehmen oder gönnen sie uns nicht, da wir denken, dass es noch etwas zu erreichen gibt. Was gibt es denn noch zu erreichen?

Man stelle sich vor, dass man in der nächsten Sekunde stirbt. Was wollte man noch alles erlebt haben? Wir haben keine Zeit. Wenn mir jemand sagt, dass er dies und jenes macht, wenn er in Pension geht, denke ich nur: Warum nicht jetzt? Warum auf irgendetwas warten? Warum aufschieben? Wenn ich alt bin, fange ich an zu reisen und schaue mir all die schönen Orte der Welt an. Wie dumm. Wenn man alt ist, ist man vielleicht so krank, dass man nicht mehr reisen kann, oder man wird nicht alt und stirbt jung. Jetzt und einfach immer nur jetzt. Nichts auf morgen vertagen. Dies hat nichts mit Ungeduld zu tun, es geht einfach nur darum, sich immer jetzt alles zu nehmen und zu gönnen. Erfüllung ist für mich, wenn man nichts aufschiebt oder das Erlebnis verspürt, nichts mehr zu verpassen.

Sollte mein Leben morgen vorbei sein, kann ich sagen, dass ich die Zeit genutzt habe, indem ich mein Leben gelebt und geliebt habe und ein erfülltes Leben lebe. Jeden Tag. Es hat lange gedauert, bis ich dies über mein Leben sagen konnte, und hätte ich im Vorfeld gewusst, dass ein Leben so sein kann, dann hätte ich es vor lauter Ungeduld wohl nicht erwarten können, an den Punkt zu kommen, an dem ich mich jetzt befinde.

Das war natürlich nicht immer so. Viele Jahre meines Lebens ist es für mich außerordentlich wichtig gewesen, dass ich mich schnell geistig entwickle. Ich besuche einige Seminare und lerne somit viele reife Lehrer kennen, von denen ich einiges über mich erfahre. Seit der Zeit, da ich es nicht mehr eilig habe, kann sich alles zum richtigen Zeitpunkt entwickeln. Ich kann einfach geschehen lassen, die Zeit wird es schon bringen.

Mein extremstes Erlebnis in puncto Zeit war, als ich einen Brautstrauß gefangen habe. Ich habe mich neben die anderen Anwärterinnen gestellt und mir vorgenommen, ihn zu fangen. Kaum stehe ich, fliegt er auch schon los und genau in meine Richtung. Und jetzt beginnt das Unvorstellbare. Ich erlebe den Brautstraußwurf in Zeitlupe. Der Strauß fliegt in hohem Bogen sehr langsam auf mich zu. Ich springe wie in einer Filmsequenz zeitlupenartig nach oben und strecke meinen Arm nach dem Strauß aus. Als ich den Strauß zu fassen bekomme, verläuft die Zeit wieder in ihrem von mir gewohnten Tempo. Ich springe mit Normalgeschwindigkeit und dem Strauß in der Hand zurück auf die Erde. Zack – da stehe ich wieder. Als ich aufgekommen bin, ertönt zeitgleich ein freudiger Urschrei aus meiner Kehle. „Ich habe den Brautstrauß gefangen", schreie ich vor Glück. Ab dem Moment ist die Hochzeit für mich gelaufen. Ich kann mich den ganzen Abend über nichts anderes mehr unterhalten als über die Freude an meinem Strauß und reibe jedem, der es wissen möchte oder nicht, den Strauß unter die Nase mit der Information, dass ich den Brautstrauß gefangen habe.

Natürlich haben es eh schon alle mitbekommen. Man musste wirklich taub sein, um mein Geschrei nicht zu hören. Ich erlebte einfach nur mitteilungsbedürftiges, pures Glück und habe mich wie ein Kind über das schönste Geschenk gefreut, das man erhalten kann. Neulich war ich wieder bei einer Hochzeit eingeladen. Auch dort habe ich den Brautstrauß gefangen. Lange Gesichter bei den Mädels. Man hat mich auf dieser Hochzeit den Brautstrauß-crasher genannt, als ich erzählt habe, dass dies schon mein zweiter Strauß ist. Ich freue mich schon auf die nächste Hochzeitseinladung und Brautstrauß Nummer drei.

Warum gibt es so viele Menschen, die nur wenig oder überhaupt keine Geduld haben? Es macht mich immer traurig, wenn ich sehe, wie sehr sich ungeduldige Menschen das Leben selbst schwer machen. Ungeduld quält jeden, der von ihr ergriffen ist. Es ist wie ein Sog. Man kann ihr nur schwer entrinnen, wir sind ihr scheinbar hilflos ausgeliefert. Es gehört sehr viel Willenskraft und Ausdauer dazu, Ungeduld loszuwerden, um letztendlich geduldig zu sein. Ungeduld ist Unbehagen, man fühlt sich dadurch einfach nicht wohl in seiner Haut. Sie zehrt, zerrt und zieht an einem, bis man einfach nur genervt ist und dadurch unausstehlich für sich selbst und auch für andere. Ich habe Geduld gelernt, indem ich jeder Situation alle Zeit gebe, die sie braucht. Ich habe aufgehört, selbst festzulegen und zu bestimmen, wie schnell etwas vonstatten gehen soll. Ich kann das Tempo nicht festlegen, besonders wenn ich in Situationen mit anderen Menschen oder Lebewesen bin.

Wenn ein Hund zum Beispiel nicht versteht, was das Komando „Sitz!“ bedeutet, dann hilft es nicht, ihn dafür zu bestrafen oder gar zu schlagen. Man kann es einfach nur immer wieder mit viel Liebe und unendlich viel Geduld versuchen, bis er es versteht. Wir haben keine Geduld, wenn wir keine Zeit haben oder wenn wir denken, dass wir keine Zeit haben. Ungeduld bedeutet Spannung und somit Verspannung. Geduld hingegen ist entspannend. Das Leben wird dadurch viel leichter.

Fehlende Geduld ist für viele eine der größten Qualen ihres Lebens. Sie ärgern sich jedoch lieber regelmäßig durch ihre Ungeduld über andere und sehen die Fehler natürlich nur bei den anderen, als an sich zu arbeiten. Wer keine Geduld hat, ist stinkfaul. Ich muss das so drastisch sagen, damit sich all die Ungeduldigen angesprochen fühlen und dadurch vielleicht aufwachen, um etwas zu verändern. Es muss nicht immer alles schnell gehen im Leben. Den Dingen Zeit und Raum zu geben, um sich zu entwickeln, ist ein Basiselement unseres Lebens. Außerdem hat jeder ein anderes Tempo. Jemand, der langsam ist und einen Ungeduldigen dadurch zur Weißglut bringt, macht es bestimmt nicht schlechter als der Schnelle. Wenn ich im Frühjahr an meiner Magnolie an den Blütenknospen rumfummeln würde, damit sie schneller blühen, würde ich sie bestimmt beschädigen oder gar ganz abbrechen. So ist es ebenfalls mit der Ungeduld, sie beschädigt und verletzt alle, die ihr ausgesetzt sind. Ich kann nur sagen, dass das Leben eindeutig an Lebensqualität gewinnt, wenn es von Geduld erfüllt ist.

Ich bin bei Sven zu Besuch im Krankenhaus. Er liegt im Bett und ich stehe neben ihm an die Wand gelehnt. Plötzlich betritt ein Mann das Zimmer mit einem Messer in der Hand. Da ich seitlich stehe, kann er mich nicht sehen. Er setzt sein Messer zum Wurf an, um Sven damit zu töten. Alles geht blitzschnell. Ich schreie ihm ein lautes „Ha“ entgegen. Er erschrickt und wirft es aus Reflex in meine Richtung. Da ich mich bücke, fliegt es über meinen Kopf hinweg und bleibt in der Wand stecken. Der Mann verschwindet im Nichts, aus dem er aufgetaucht ist. Ich wache auf.

Sven wurde von mir im Traum beschützt. Hand in Hand liegen wir in seinem Krankenbett und ich erzähle ihm freudig strahlend den Traum, begleitet mit den Worten: „mein Bruder“. Kurz nach unserem Kennenlernen hat Sven „mein Bruder“ zu mir gesagt. Ich konnte es zu diesem Zeitpunkt nicht erwidern, da ich es nicht empfunden habe. Sven hat sich immer einen älteren Bruder gewünscht, der für ihn da ist und ihn beschützt. Durch diesen Traum konnte ich die Bruderschaft von Herzen fühlen. Kurz vor seinem Tod hat er doch noch seinen lang ersehnten Bruder geschenkt bekommen. Manchmal muss man den Dingen Zeit geben und nur eine Weile warten können, bis sie sich im Leben erfüllen. Mein Bruder.

Es gibt immer nur den jetzigen Moment, alles andere ist nicht wirklich. Die Vergangenheit ist unwiederbringlich vorbei und nie mehr existent. Die Zukunft ist unberechenbare Fantasie und ebenfalls nicht existent. Die Gegenwart ist der einzige Moment, in dem wir existieren und das Leben erfahren können. Wenn nicht jetzt, wann dann? Für die meisten von uns ist es wohl das Schwierigste, in der Gegenwart zu leben. Zumeist sind wir zumindest eine Sekunde voraus oder hinterher. Viele Menschen sind jedoch Tage, Wochen, Monate und sogar Jahre in der Vergangenheit oder der Zukunft. Das hat mal wieder alles nur mit Gedanken zu tun. Ich denke mir aus, wie es sein wird, oder ich versuche mich zu erinnern, wie es einmal war. Dadurch geht der Moment der Gegenwart verloren. Wer zu viel denkt, verpasst sein Leben und verliert sich somit in Gedanken.

Zeit ist ein Käfig, dem wir scheinbar nicht entrinnen können. Wir leben sehr fixiert mit der Zeit. Zeit übt oft starken Druck auf uns aus. An manchen meiner Arbeitsplätze war es ein Drama, wenn man 5 Minuten zu spät war. Was sind fünf Minuten an einem Arbeitstag und in einem Leben? Lächerlich verschwindend. Ich schätze Pünktlichkeit sehr und bin, obwohl ich keine Uhr trage, fast immer pünktlich. Es macht mir jedoch nichts aus, wenn jemand anderes unpünktlich ist. Ich nutze dann die Wartezeit zum Ausruhen und Nichtstun. Welch ein Geschenk. Ich könnte mich im Gegenteil ungeduldig und genervt verhalten und dem anderen eine Szene machen, dass er unpünktlich ist. Wozu? Ich bin dann einfach nur für mich und entspanne mich in den Moment. Ich behaupte von mir, dass ich jemand bin, der zur richtigen Zeit am richtigen Ort ist. Es ist der Zustand der Synchronizität. Alles verläuft parallel. Es ist so, als ob immer alles stimmt. Zumeist verläuft alles glatt und reibungslos. Folgende Geschichte symbolisiert das vortrefflich.

Seine Büsche – seine Ballen

Als ich mein Haus in Bad Tölz erst kurze Zeit gemietet hatte und noch tief in den Renovierungsarbeiten steckte, fuhr ich nach getaner Arbeit in die Wohnung nach München zurück. Da erlebte ich folgendes:

Auf den Feldern liegen große weiße und grüne Plastikkugeln, die mich beim Vorbeifahren von Mal zu Mal mehr stören. Es sind Siloballen. Frisch geschnittenes Gras wird luftdicht in Plastik verpackt und vergärt zu Viehfutter, wird auf den Wiesen gelagert und bei Bedarf abgeholt. Ich finde, dass wir in solch einer schönen Landschaft leben und daher die Siloballen nicht dahin gehören. Sie sind einfach nur hässlich. Sie stören mein ästhetisches Empfinden. Ich komme irgendwann auf die Idee, sie zu bemalen. Doch zumeist liegen sie auf den Feldern, ohne dass ein Bauernhof in Sicht ist. Welche Ballen gehören also zu welchem Bauern?

Es vergehen einige Wochen. Mittlerweile habe ich meine Lieblingsballen ausgesucht. Sie liegen im rechten Winkel am Straßenrand kurz vor Bad Tölz und sind gut vom Auto aus zu sehen. Ich traue mich jedoch nicht, auf irgendwelche Bauernhöfe zu fahren und nachzufragen, wem diese Ballen gehören. Sie einfach zu bemalen, ohne zu fragen, ist auch nicht meine Art. Als ich eines Tages wieder nach der Arbeit am Haus nach München fahre, schneidet ein Mann an meinen Lieblingsballen Büsche. „Seine Büsche – seine Ballen“, denke ich mir und halte spontan an. „Sind das Ihre Ballen?“, ist meine Frage. Er antwortet mit Ja. „Ich bin Künstler und möchte sie gerne bemalen.“ Er antwortet: „Endlich macht mal jemand was mit diesen Dingern, sie verschandeln eh nur die Landschaft.“ Ich bin platt. Er empfindet es genauso wie ich. Ich hatte mich auf lange Diskussionen eingestellt und hatte mir viele überzeugende Argumente bereitgelegt. Doch dass es so reibungslos vonstatten gehen sollte, hätte ich nie gedacht. Ich mache mit ihm aus, dass ich die Ballen am nächsten Wochenende bemalen werde. Und das meine ich mit der richtigen Zeit am richtigen Ort. Genau an diesen meinen Lieblingsballen schneidet er Büsche, in dem Moment, als ich vorbeifahre. Er empfindet es genauso wie ich und sagt spontan Ja. Alles läuft mal wieder reibungslos wie nach einem Gesamtplan, der sich verwirklicht.

Es hätte ja auch ganz anders ausgehen können. Zum Beispiel hätte er sagen können: „Verschwinde, du Spinner, wieso und zu was soll das gut sein, wenn die Ballen bemalt sind?" Ich hätte dann wahrscheinlich pauschalisiert, was viele von uns leider viel zu oft tun, und gesagt, dass die Tölzer Bauern verschlossen sind. Ich hätte es wahrscheinlich nicht gewagt, einen zweiten Korb zu riskieren und hätte die ganze Sache mit der Bemalung der Ballen aufgegeben. Doch das ist ja zum Glück nicht eingetreten. Das ist auch ein Geheimnis meines Lebens. Ich stelle mir nicht vor, wie etwas sein könnte oder was eintreten könnte. Denn dadurch macht man einfach viele Dinge nicht, man entmutigt sich selbst, bevor man es begonnen hat. Die Kunst ist, es zu tun. Wie beliebt die bemalten Siloballen im Tölzer Land sind, erfahre ich immer wieder, wenn ich Menschen kennenlerne, die mich mit Komplimenten überschütten. Eines der schönsten Komplimente kam von einer Frau, die zu mir sagte: „Wissen Sie eigentlich, wie viele Menschen Sie mit Ihrer Kunst glücklich machen?"

5. Balance und Bescheidenheit

Trage dich in einer Sänfte, genieße und schwebe dahin, sei sanft mir dir selbst, kein anderer kommt dir jemals so nah.

Balance fängt damit an, dass wir beginnen, zu uns selbst gut zu sein, und uns selbst liebevoll und mit Weichheit behandeln. Jede Handlung in liebevollem Sein ausführen. Seitdem Sanftheit ein fester Bestandteil im Umgang mit mir und somit auch mit anderen ist, erlebe ich mich ausgeglichen und gefestigt. Aus Sanftheit und Weichheit entsteht Stärke – aus Strenge und Härte entsteht Unsicherheit. Ich nenne dies das Gegenteilprinzip. Als junger Mensch war ich immer sehr streng und sehr hart zu mir. Es sollte alles immer genauso sein, wie ich es haben wollte – perfekt. Doch was ist perfekt? Die Messlatte hatte ich mir immer sehr hoch gesetzt. Unerreichbar hoch. Ich war eigentlich nie mit dem zufrieden, wie ich aussah, wie ich war, wie die Umstände waren, wie ich mein Leben erlebte, alles hat einfach nicht gestimmt. Irgendetwas hat immer gefehlt oder hat mich gestört. Ein einziger kleiner Pickel konnte meinen Tag zerstören. Die Basis dessen war das Erleben von Unsicherheit und Trennung. Fast alle Menschen erleben sich getrennt voneinander. Es bleibt ihnen der unsichtbare Hintergrund verborgen, da sie nur sehen können, was sie sehen. Der Hintergrund, der uns verbindet und uns Halt gibt. Ohne das Erleben von Einheit wird unser Leben von Unsicherheit und Gefallenwollen beherrscht.

Es ist vielen von uns sehr wichtig, anderen zu gefallen. Wir wollen perfekt sein und alles um uns herum muss so sein, wie wir es haben wollen. Man quält sich dadurch nur selbst. Die anderen sehen es zumeist ganz anders und sind längst nicht so streng mit uns, wie wir es mit uns selbst sind. Es findet also ein reines Gedankenkonstrukt in uns statt. Oft hat es mit äußeren Umständen und unserem Darstellenwollen zu tun. Wir werden zu schnell nach unserem Äußeren beurteilt und dadurch identifizieren wir uns zu stark damit, wie wir aussehen. Niemand ist perfekt und zugleich sind alle perfekt – so, wie sie sind. Es wäre auch wunderbar, wenn wir aufhören könnten zu vergleichen und zu bewerten. Dadurch sind wir in ständiger Konkurrenz zu all den anderen. Wir machen uns auch zu oft lustig über andere, um natürlich dadurch selbst besser dazustehen. Ich bin der Meinung, dass einige Fernsehprogramme daran schuld sind, dass das öffentliche Auslachen salonfähig geworden ist. Die Programme sind nur darauf ausgelegt, andere bloßzustellen, sie sind regelrecht vernichtend. Ich empfinde das als sehr verletzend und denke, dass auch viele von uns sehr verletzt sind, wenn die ganze Nation sich ohne Unterlass über sie lustig macht.

Ich war einmal sehr erstaunt, als ich gesehen habe, dass mein jüngster Bruder Jürgen im Sommer unter seiner Hose eine dicke Jogginghose anhatte. Ich fragte ihn, warum um Himmels willen er das denn mache. Er antwortete, er fände seine Beine zu dünn und die Jogginghose unter der Hose würde seine Beine kräftiger aussehen lassen. Es hätte jemand zu ihm gesagt, dass er Spinnenbeine habe. Ich kann verstehen, dass dies einen jungen Menschen verunsichert. Ich habe die gleiche Figur wie er. Also die gleichen dünnen Beine. Ich denke jedoch nicht darüber nach und lasse meine Beine einfach Beine sein. Also können sie nicht zu dünn, zu dick, zu lang oder zu kurz sein. Es ist sowieso jedes Beinpaar anders. Wer sagt, dass Beine einen bestimmten Durchmesser haben müssen? Ich bat ihn, seine Hose und Jogginghose auszuziehen. Ich zog meine Hose ebenfalls aus und wir stellten uns gemeinsam neben den Spiegel. Wir hatten zwillingsbrudergleiche Beine, und O-Beine noch dazu. Die O-Beine haben ihn jedoch nicht gestört. Das war etwas, was mich in jungen Jahren eher an meinen Beinen störte. Wir lachten über unsere dünnen O-Beine und stellten fest, dass sie beim anderen gar nicht so schlimm aussahen wie bei einem selbst. Und von nun an konnte er die Jogginghose im Sommer weglassen. Im Winter hat sie natürlich wunderbar gewärmt.

Balance hat auch viel mit Gleichgewicht zu tun. Oft gehen wir im Leben wie auf rohen Eiern, ebenfalls aus Unsicherheit. Das Leben wird dadurch zu einem wackligen Balanceakt. Wir können jeden Moment umkippen, wenn etwas Unvorhergesehenes auf uns zukommt. Unser Leben hat keine Festigkeit und keine Basis. Mein Erleben hat an Sicherheit und Ausgeglichenheit gewonnen durch das Annehmen jeder unveränderbaren Situation. Einfach alles so zu lassen, wie es ist. Ich fummle nicht mehr an Gegebenem herum. Dadurch löst sich jegliche Angriffsfläche und

Reibung auf. Eine tiefe Ruhe beginnt sich breitzumachen und dadurch eine Unerschütterlichkeit. Es hat sich schon so weit ausgebreitet, dass mich sehr stark erschütternde Erlebnisse nicht mehr oder nur kurz aus der Bahn werfen. Nach kurzer Zeit sind sie dann vollständig in mein Leben integriert. Falls mich etwas stört, dann sage ich zu mir selbst: „Lass es doch einfach los!“ Das kann jeder. Es gehört nur ein bisschen Übung und Geduld dazu.

Wenn sich unser Erleben balancierter anfühlt, stellen sich auch Glücklichsein und Zufriedenheit ein. Einen großen Anteil an meiner eigenen Balance hat auch meine Malerei. Beim Betrachten meiner Vögel kann man erkennen, dass sie im Laufe der Jahre immer exakter geworden sind. Als ich begonnen habe zu malen, konnte ich keinen geraden Strich an einem Stück malen. Wenn ich meine frühen Werke anschaue, muss ich zumeist schmunzeln, da ich anhand dieser ersten Striche meine eigene persönliche Entwicklung erkennen kann. Ich bin der Meinung, dass man immer nur das malen kann, was man in sich hat oder was man fühlt und ist. Früher war ich sehr wackelig und unsicher, deshalb war auch kein geradliniger Strich möglich. Jetzt erlebe ich mich sehr ausgeglichen und geradlinig, deshalb entwickeln sich meine Bilder auch in diese Richtung. Verwundert werde ich oft gefragt, wie es möglich ist, mit einem Pinsel so exakt zu malen. Mein Strich ist so geradlinig geworden, wie ich es mir selbst nie hätte vorstellen können. Meine Malerei ist für mich reine Meditation, sprich Tiefenentspannung. Ich erlebe mich während des Schaffensprozesses ruhig und ausgeglichen und dadurch, dass ich so oft und viel male, bestimmen diese Empfindungen natürlich auch noch nach dem Malen mein Erleben. Ich werde davon mehr und mehr erfüllt. Des Weiteren wird mir oft gesagt, dass ich eine so ruhige und gelassene Ausstrahlung habe. In solchen Momenten fällt mir das erst wieder auf, denn es ist für mich ganz normal geworden. Es gibt kein anderes Erleben mehr für mich. Alles ist gelassen in meinem Erleben. Selbst wenn ich zwei Menschen auf der Straße streiten sehe, erlebe ich ihr Sein und Handeln als Gelassenheit.

Oft male ich mit sehr kleinen Pinseln, sehr langsam, mit sehr viel Geduld. Früher wäre ich schreiend weggelaufen, wenn ich so etwas hätte malen sollen. Und jetzt male ich freiwillig so. Kaum zu glauben. Ich finde es immer wieder erstaunlich zu bemerken und zu beobachten, wie ich mich im Laufe meines Lebens entwickle und verändere. Es fasziniert mich, mein eigener Beobachter und Begleiter zu sein. Ich spiele eine Rolle auf der Bühne der Zeitlosigkeit im Land der Veränderung. Ich bin die eigene Hauptrolle und zugleich der eigene Regisseur. Ich habe es in der Hand, was ich aus meinem Leben mache und wie es ist. Es ist eine wunderbare Erfahrung zu entdecken, dass jeder die Gabe hat zu visualisieren. Das heißt, dass jeder Schöpfer seines Empfindens sein kann. Einfach nur Vertrauen. Es kommt. Früher musste immer alles sehr schnell in meinem Leben geschehen. Je schneller, desto besser. Dinge, die lange Zeit brauchten, habe ich ungeduldig sofort von mir gestoßen. Das kommt aus der Zeit, als ich noch ein Junge war. Ab und zu musste ich meinem Vater etwas helfen. Aus meiner Sicht hat er immer alles viel zu umständlich gemacht und viel zu lange gebraucht. Ich habe mich in meiner Ungeduld mehr und mehr verspannt. Das Danebenstehen hat mich fast wahnsinnig gemacht. Heute kann ich erkennen, dass er sehr gewissenhaft und gründlich arbeitet.

Um sich balanciert zu erleben, gehören Entspannung und – ich muss es immer wieder wiederholen – viel Geduld dazu. Aus meiner Sicht ist ohne Geduld keine Balance möglich, da durch Ungeduld alles schneller geschehen soll, als es möglich ist. Es hat viel mit Erwartungen und Vorstellungen zu tun. Wenn ein Mensch mit zu hohen Erwartungen lebt, hat er sich zu viel vor das reine Erleben gestellt. Es ist wie eine unüberwindbare Hürde. Bei manchen Menschen ist dies nur ein Zaun, doch bei anderen ist es eine Mauer von unermesslicher Höhe, Länge und Breite. Je mehr Vorstellungen und Erwartungen ich habe, desto größer wird die Mauer. Jeder entscheidet für sich selbst, wie groß die eigene Mauer ist. Für viele Menschen ist sie im Laufe ihres Lebens zu einem Kerker geworden, in den sie sich selbst eingesperrt haben. Beim Anblick der Mauer muss man einfach nur resignieren, verzweifelt davor niedersinken und schließlich aufgeben. Jeder Mensch ist für seine eigene Mauer verantwortlich. Das möchten und können die meisten aber leider nicht hören. Sie geben immer irgendwelchen Umständen oder anderen die Schuld. Das ist viel einfacher, als bei sich selbst zu schauen. Viele versuchen, über ihre Mauer zu klettern, oder gehen an ihr entlang, um ein Schlupfloch zu finden. Das funktioniert jedoch nur bedingt, denn die Mauer bleibt weiterhin bestehen. Man muss versuchen, ohne Vorstellungen zu leben.

Es geht darum, die eigene Mauer Stein für Stein abzutragen und sie dadurch aufzulösen. Oder sie mit starkem Willen in einem Moment niederzureißen. Damit kann man sich umständliche Wege sparen, die uns behindern und aufhalten. Bei einem *Enlightenment Intensive* hatte ich eine wunderbare Erfahrung. Ich habe mich als offener Wasserhahn erlebt. Das heißt, alles fließt einfach durch mich hindurch, ohne jede Art von Blockade. Das fühlte sich sehr ausgeglichen und balanciert an. Es war für mich ein erfüllendes Erlebnis, bis ich bei einem weiteren *Enlightenment Intensive* eine noch intensivere Erfahrung machen durfte. Ich erlebte eine Steigerung. Ich war nicht mehr nur der offene Wasserhahn, durch den alles eng und gesteuert fließt, sondern ein offener Staudamm, den ich einfach selbst geöffnet habe. Alle Schleusen waren plötzlich offen. Alles Angestaute konnte ganz einfach mit voller Wucht hinwegfließen. Es war wie eine Tiefenreinigung. Bildlich gesprochen floss alles Wasser mitsamt den Fischen, Steinen und dem Schlamm am Grund davon.

Ich erlebte mich wie neugeboren, tiefengereinigt sozusagen. Ich kann erkennen, dass es auch darum ging, alles loszulassen, ohne darüber nachzudenken, was ich mir zurückhalten könnte. Vielleicht doch noch etwas Wasser für die dürren Zeiten oder ein paar Fische? Es war mir auch völlig gleich, was das Wasser anrichten könnte, das mit voller Wucht den Staudamm verlässt. Ich habe einfach nicht darüber nachgedacht. Eine Vorstellung ist einfach nur ein Gedanke, der der Wirklichkeit nicht entspricht. Wie oft haben wir uns schon etwas vorgestellt und es kommt doch meistens alles anders. Das kann wohl jeder bejahen. Vorstellungen sind reine Blockaden, sie funktionieren nicht so, wie wir es möchten. Die Wirklichkeit wird immer von der Vorstellung abweichen. Wenn wir Glück haben, ist die Wirklichkeit schöner als unsere Vorstellung – doch wehe, wenn dies nicht so ist, dann ist die Enttäuschung groß und die Balance gerät schnell aus dem Gleichgewicht.

Mein geliebtes Haus in Bad Tölz ist mir der größte Lehrer der Bescheidenheit. Als ich das Haus vor zehn Jahren gemietet habe, gab es Brunnenversorgung im Garten, ein Plumpsklo, kein Bad und keine Küche. Ich habe erlebt, wie es ist, unter freiem Himmel mit zwei Schüsseln Warmwasser zu duschen. Wie es ist, wenn man jeden Tropfen Wasser ins Haus holt. Es ist genügend Wasser da und dennoch wird es kostbar, es gewinnt an Wert. Ich lernte es zu ehren und zu schätzen. Wie es ist, wenn im Winter der Brunnen eingefroren ist und Schnee auf dem Küchenofen geschmolzen wird. Das dauert … Wie es ist, wenn die Quelle im Sommer wenig Wasser hat und der Eimer sehr lange braucht bis er vollgelaufen ist. Wie es ist, wenn man im Winter nur die 16 Quadratmeter große Küche heizt, in der Küche kocht, isst, in Schüsseln abwäscht, am Küchentisch arbeitet und nachdem das Bett in der Küche aufgestellt ist, dort auch schläft. Ich habe erlebt, dass mir ein einziger Raum zum Leben reicht. Ich brauche nichts und dadurch habe ich alles. Denn alles, was ich habe, ist immer genug. Es herrscht kein Mangel mehr in meinem Erleben. Wunsch und Gier nach Mehr haben sich aufgelöst. Kommt mehr, freue ich mich daran und genieße es. Kommt wenig, bin ich mit dem, was mir geschenkt wird, zufrieden. Alles wird dadurch zur Kostbarkeit. Sei es noch so klein.

Die Perlenketten

Ein Perlenhändler begehrt eine bescheiden und enthaltsam lebende Frau. Er nimmt die schönste größte Perle, die er hat, und fädelt sie auf eine Goldkette. Eine zweite unscheinbare Perle fädelt er auf eine Schnur. Mit beiden Ketten geht er zu der Frau. „Du kannst dir eine Kette aussuchen, ich möchte sie dir schenken." Die Frau bewundert beide Ketten. Die edle prächtige Perle auf der Goldkette und die anmutig schlichte Perle auf der Schnur. „Beide Perlenketten sind unvergleichbar schön", ist ihre Antwort. Sie greift nach der goldenen Kette. „Es ist wohl nicht weit her mit ihrer Bescheidenheit", denkt sich der Mann.
Die Frau nimmt die Perle von der Kette und hält sie ihm in den Himmel gerichtet vor seine Augen. „Schau durch das Loch, das ist die Wahrheit. Halte dich nicht an das Äußere, es hat keinen Wert, es vergeht, das Innere besteht." Sie fädelt die Perle wieder auf die Kette und gibt sie ihm dankend zurück.

6. Achtsamkeit und Mitgefühl

Tu keinem an, was du nicht willst, dass man es dir antut.

Ich bin ein Käfig. Und ich muss sagen, dass ich es nie gerne war. Warum bin ausgerechnet ich ein Käfig geworden? Freiheitsliebe ist mein oberstes Gebot. Doch das Besondere daran, ein Käfig zu sein, ist, dass er immer frei ist. Wer wird schon einen Käfig in einen Käfig einsperren? Ich bin ein Käfig für andere und sie fühlen sich nicht wohl in mir. Es sieht so aus, als ob ich herzlos bin. Doch wahrlich, das bin ich nicht. Ich habe gelernt, mit meinen Gefangenen zu fühlen. Ich habe ihre Angst erlebt. Ihren Schmerz. Ihre Not. Ihren Kummer. Die Verzweiflung und das Leid, wenn sie voneinander getrennt wurden. Ich bin zwar groß, doch Platz biete ich nur für Einzelhaft. Zumeist bleiben die Gefangenen nur kurze Zeit in meiner Obhut. Wenn ich es könnte, ich würde meine Stäbe biegen, um für sie mehr Raum zu schaffen. Wann immer ein Wesen nach dem Gefangensein mich für immer verlässt, verspüre ich gefüllte Leere. Nichts Erkennbares ist mehr in mir, aber dennoch bin ich nicht leer. Ich bin gefüllt von dem, was mich umgibt, und es fließt ganz ohne Behinderung durch meine Gitter hindurch. Ich bin die Leere, das Nichts. Und selbst wenn ein Wesen in mir steckt, bin ich in Wahrheit nicht. Ich bin vergänglich. Doch leben werd ich lang, da ich aus Eisen bin, das langsam rostet.

Und jetzt möchte ich endlich meine Geschichte erzählen. Es ist die Geschichte von den Beinen der Schweine. Viele Jahre liege ich neben verlassenen Stallungen. Man hat mich zurückgelassen und vergessen. Ausrangiert und weggeworfen. Alteisen ist das, was ich noch bin. Ich roste langsam unter Sonne und Regen dahin. Im Laufe der Jahre werde ich von Schlingpflanzen überwuchert. Die Natur versucht mich zu verstecken, es zu vollenden, dass ich nicht mehr bin. Es ist ihr fast vollständig gelungen und wäre um ein Haar vollbracht. Bis mich eines Tages ein junger Mann, der um die Stallungen schleicht, entdeckt. Er befreit mich von den Schlingpflanzen, begutachtet mich. Legt mich wieder hin. Geht weg. Kommt wieder. Und nimmt mich seines Weges. Ich bin groß. Selbst er findet in mir Platz, als er mich, um mich leichter zu tragen, über sich stülpt. Ich liege auf seinem Kopf auf und reiche ihm bis zu den Oberschenkeln. Ich habe ein solides Gewicht. Meine verrosteten Eisenstäbe sind im 15-Zentimeter-Abstand verbunden. Ich bin ein Käfig. Ein Schweinetransportkäfig. Deshalb findet der junge Mann auch so gut Platz in mir. Er hat eine ähnliche Statur. Das Gemeine an mir ist, dass die Beine der Schweine durch das großmaschige Gewebe hängen. Ich werde beim Verladen, samt Inhalt, geworfen. Die Beine der Schweine werden zwischen den Käfigen ein- und abgeklemmt. Schreiend werden sie so zum Schlachthof gefahren. Wenn ich schreien könnte, dann würde ich aus Verzweiflung aus Leibeskräften mitschreien. Warum kann ich das bloß nicht? Ein Käfig hat so viel zu sagen, doch er hat keine Stimme.

Der junge Mann kennt mich und meine Geschichte und er möchte mir die Schwere meines Schicksals nehmen. Er klebt Federn auf transparentes Klebeband und umwickelt sorgsam meine Gitter, somit können die verbundenen Wunden heilen. Ich bekomme eine neue Identität. Ich bin weiß, weich und wirke rein. Aber nur rein Äußerlich. Im Kern bin ich der Alte. Der harte, kalte Käfig, der ich nie gern war. Ich werde fotografiert und stehe im Rampenlicht. Er sperrt sich freiwillig in mich ein und befreit sich aus mir vor Publikum. Nach seiner Befreiung singt er ein Lied. *We are in a cage, made by ourself, the cagedoor is open, for you and everyone. I feel so free and easy. The real cage is the cage of happiness, the real cage is the cage of love, I love you, my dear, I love you, my love, we will be free and easy, and you will be free, too, just listen to my song, the song of love, the song of god.*

Er singt davon, dass wir uns unseren Käfig selbst geschaffen haben. Die Käfigtüre ist für mich und jedermann geöffnet. Er fühlt sich frei und leicht, da er den Käfig der Liebe verlassen hat. Er hat erkannt, dass Liebe nur frei fließen kann. Also – nützt jetzt eure Chance. Alle Käfigtüren, ohne Ausnahme, sind offen. Flieg, spring, hüpfe, krabble oder rolle dich heraus. Spring schnell oder gehe zaghaft. Aber tu es jetzt. Nur indem der alte Käfig der Gewohnheit verlassen wird, kann sich Freiheit offenbaren. Im Käfig zu verbleiben, bedeutet oft Faulheit und Bequemlichkeit oder sich im Laufe der Jahre mit dem Käfig arrangiert zu haben. Ein Käfig ist eng. Er schützt jedoch auch vor dem Außen, da nichts nach innen dringen kann. Ohne Käfig oder außerhalb des Käfigs findet Berührung statt. Viele von uns haben in ihrer Kindheit Berührung erfahren, die schmerzhaft war. Dies wollen wir nicht mehr erfahren. Dass wir jedoch keine Kinder mehr sind und dadurch manchen Situationen nicht mehr unfreiwillig ausgeliefert sind, haben viele von uns leider noch nicht erkannt. Wir machen jedoch in jedem Lebensalter andere Erfahrungen und es ist schade, wenn wir unser ganzes Leben in einem scheinbar unentrinnbaren Käfig verbringen, um uns vor dem Außen zu schützen. Die meisten können nicht den Ausgang sehen, und auch nicht, dass der Ausgang keine Türe hat, sondern uns immer offen steht.

Ich bin ein Käfig. Es gäbe für mich jedoch nichts Schöneres, als wenn es keine Käfige mehr gäbe. Niemand würde uns vermissen und das ist gut so.

Wer Mitgefühl und Achtsamkeit lebt, versucht sanfter und liebevoller mit allem umzugehen, das ihm widerfährt und begegnet. Es ist dessen Bestreben, nichts mehr zu verletzen. Er möchte lindern und heilen. Heil über das Land bringen. Das heile Land. Heiland. Reiche deine Hand und teile mit allen, was du bist und hast. Teilen heißt heilen.

Die Bettlerin

Als ich vor Jahren in Indien eine Straße entlanggehe, fällt mir ein alter Mann auf, der am Straßenrand sitzt. Er hat beide Beine bis zur Mitte der Oberschenkel und beide Hände durch Lepra verloren. Zusätzlich ist er blind. Hilflos berührt bleibe ich stehen.

Ich beuge mich zu ihm hinunter und stecke ihm, aus Verlegenheit, einen Geldschein in seine Brusttasche. Da er bislang keine Reaktion zeigt, versuche ich ihm durch leichtes Drücken auf die Tasche zu vermitteln, dass ich etwas hineingesteckt habe. Ich lasse ihn am Straßenrand sitzen und gehe ein paar Schritte meines Weges.
„Vielleicht hat er es doch gemerkt“, denke ich noch, und drehe mich um. In dem Moment sehe ich, wie eine junge Bettlerin ihm den Schein aus der Brusttasche nimmt und schnell davongeht. Sie muss mich wohl beobachtet haben. Ich merke, wie etwas in mir aufbraust, und möchte ihr hinterherlaufen, den Schein abnehmen, sie beschimpfen und dem alten Mann seinen Schein wieder zurückgeben. Ich verachte ihre Tat. Plötzlich, noch bevor ich loslaufe, versetze ich mich in ihre Lage. Ich halte inne. Wahrscheinlich bettelt sie schon ihr ganzes Leben und hat noch nie so viel Geld besessen. Damit kann sie für mehrere Wochen ihre Familie ernähren. Sie kann sich um ihre Kinder kümmern und braucht vielleicht zum ersten Mal, seit vielen Jahren, nicht jeden Tag zu betteln.
Hätte ich es nicht auch getan? Vielleicht ja. Ich kann sie verstehen und akzeptiere ihre Tat und dadurch beruhigt sich mein Zorn. Ich kann sie mit Liebe betrachten und sie einfach ihres Weges ziehen lassen. Der alte Mann weiß von seinem Reichtum nichts. Er wird dieses Geld nie vermissen. Der jungen Frau und ihrer Familie hat es das Leben zumindest für kurze Zeit erleichtert.

7. Familie und Freundschaft

Es ist die Ganzheit, die uns verbindet, das Einzelne verschwindet.

Ich bin Teilnehmer eines Seminars, das mein Leben gravierend verändert. Es nennt sich *Enlightenment Intensive*. Es geht darum, sich von altem Ballast zu befreien und im Idealfall zu erfahren, wer man ist, wenn alle Äußerlichkeiten und bestehenden Glaubenssätze von einem abgefallen sind. Ich erlebe das Seminar wie eine Neugeburt, wie das Schlüpfen eines Vogels aus einem Ei. Die alte Schale wird verlassen, um etwas völlig Neues zu beginnen. Ein neues Leben.

Seit zwei Tagen sitze ich im Schneidersitz auf einem Kissen und beantworte die Frage, die mir fortlaufend von einem stündlich wechselnden Gegenüber gestellt wird. Sag mir, wer du bist. Diese Form der Sitzung wird *Dyade* genannt. Man gibt sich paarweise im fünfminütigen Wechsel die Anweisung. Der eine spricht, der andere hört schweigend zu. Ein Gong ertönt, es wird gewechselt. Zu Beginn des Seminars war ich noch sehr ungeduldig. Ich antworte also: Ich bin der, der ungeduldig ist. Jetzt versuche ich, mich von dieser Ungeduld voll und ganz beherrschen zu lassen. Es kann hilfreich sein, sich eine Situation herbeizuholen, in der man schon einmal ungeduldig war. In der nun folgenden Situation muss ich mir die Ungeduld gar nicht herbeiholen, da sie von selbst geschieht.

Ich sitze einer älteren Frau gegenüber. Der Gong ertönt. In dem Moment merke ich, dass ich mich auf die falsche Seite gesetzt habe, denn am Ende der vorangegangenen Dyade bin ich an einem sehr wichtigen Punkt vom Schlussgong unterbrochen worden. Ich will unbedingt sofort da weitermachen, wo ich aufgehört habe. Es ist mir sehr wichtig – ich habe es eilig. Jetzt bin ich an der Reihe, um ihr die Anweisung – sag mir, wer du bist – zu geben. Fünf Minuten warten, ist für mich unmöglich. Anstatt ihr die Anweisung zu geben, frage ich sie, ob sie den Platz mit mir tauscht, da ich gerne sofort weitermachen möchte. Ihre Antwort ist ein klares und bestimmtes Nein. Damit habe ich nicht gerechnet.

Von dieser Antwort erstaunt und überwältigt, versuche ich noch mal mein Glück und füge meinem Bitten Dringlichkeit hinzu: „Es ist mir sehr wichtig, gleich weiterzumachen, da ich an etwas Intensivem dran bin. Kannst du bitte mit mir tauschen?" – „Nein." Kaum zu fassen. Ich versuche es noch ein drittes Mal. „Nein" ist wiederum die Antwort. Jetzt bin ich nicht mehr zu halten. Meine Ungeduld lässt mich, von Wut erfüllt, über dieses uneinsehliche und ungerechte Verhalten aufkochen. Ich fange an rumzutoben und sie laut zu beschimpfen. Diese Reaktion ist zu der Zeit in meinem Leben sehr typisch für mich. Wenn ich etwas haben möchte, dann sofort, und wehe, ich bekomme es nicht auf der Stelle, dann ist die Hölle los. „Das ist egozentrisch", schreie ich herum. „Ich finde das unmöglich", mache ich weiter. Wir sitzen hier seit zwei Tagen und bekommen alle fünf Minuten die Anweisung neu gestellt. „Es ist scheißegal, ob man zuerst drankommt oder nicht“, brülle ich mit Verachtung. Die Leiterin versucht mich zu bremsen. Ich solle nicht übergreifend sein und die Dyadenpartnerin nicht direkt ansprechen. Das verstößt gegen die Regel. Keineswegs bin ich still. Ich steigere mich noch mehr hinein. Ich bin im Recht und lasse mich nicht bremsen. Eine cholerische Attacke ergreift voll und ganz Besitz von mir. Übergreifend bin ich auch nicht, sonst hätte ich sie schon längst geschüttelt und gewürgt.

Ich bin mal wieder an einem Punkt, an dem ich nicht aus meiner Haut kann und zugleich aus dieser fahre. Durch ungerechtes Verhalten mir gegenüber explodiere ich. Fünf Minuten schreie ich aufgebracht an einem Stück durch und verbrauche somit ihre Zeit. Der Gong ertönt und macht mich endlich still. Jetzt bekomme ich die Anweisung – sag mir, wer du bist – von ihr. Ich sage nichts, da sie mir weinend gegenübersitzt. Sie hat die fünfminütige Schreiarie über sich ergehen lassen und beginnt bitterlich zu weinen. Ich kann ihre Betroffenheit erkennen und versetzte mich in ihre Lage. Still sitze ich ihr gegenüber. Es tut mir furchtbar leid, dass ich so überreagiert habe. Meine Ungeduld hat mich rasend gemacht, und ich habe es ja selbst gesagt, dass es völlig egal ist, ob man fünf Minuten früher oder später drankommt. Wenn es so egal ist, dann hätte ich ja auch noch fünf Minuten warten können. Bei ihr hätte es ja ebenfalls dringlich sein können. Mitgefühl mit ihr und ihrem Weinen macht sich breit in mir. Mein Kopf beginnt sich, wie von selbst an einer Schnur gezogen, nach vorne zu verbeugen, bis ich mit der Stirn den Boden berühre. Es ist bislang die tiefste Verbeugung meines Lebens. Mit dieser Haltung entschuldige ich mich schweigend zutiefst bei ihr. Es tut mir wahrlich leid. So behandelt man keinen anderen. Zum ersten Mal in meinem Leben erlebe ich Demut. Ich wusste überhaupt nicht, was Demut ist oder bedeutet. Ein Freund hat einmal zu mir gesagt, dass ich keine Demut habe. Das kam überhaupt nicht bei mir an, da ich mit diesem Wort nichts, aber auch gar nichts verbinden konnte. Demut tut gut, ich achte, bin sachte. Ich hatte mich bis zu diesem Moment, glaube ich zumindest, noch nie wirklich in einen anderen hineinversetzt. Ich habe immer alles nur aus meiner Sicht gesehen. Unglaublich.

Und jetzt geschieht das Unfassbare. Ich werde mental in eine vergangene Situation in meine Kindheit geschleudert. Ich bin im Wohnzimmer meiner Eltern. Der orangefarbene Teppich ist erst seit Kurzem verlegt und riecht neu. Dieser Geruch ist mir im Seminar, auf meinem Kissen, in diesem Moment präsent. Ich bin acht Jahre alt und liege auf dem Rücken auf dem Teppich mit ausgebreiteten Armen. Mein Vater sitzt auf mir und kitzelt mich unter den Armen sowie an den Flanken. Es ist eine ausgelassene, heitere Familiensituation – alle lachen. Mein Vater, meine beiden kleinen Brüder Wolfgang und Jürgen, die vier und zwei Jahre alt sind, und ich. Bis mir das Lachen vergeht. Mein Vater hat vor Ausgelassenheit die Augen zu und merkt nicht wie mir die Luft ausgeht. Beim ununterbrochenen Lachen atme ich nur aus. Ich habe keine Möglichkeit mehr einzuatmen. Mein Erstickungskampf beginnt. Der Spruch „Es hat sich einer totgelacht", kommt aus dem Mittelalter und basiert auf einer Foltermethode. Die Füße werden mit Salz bestrichen. Eine Ziege leckt das Salz von den Füßen ab, und das muss so kitzlig sein, dass man sich totlacht. Muss ich jetzt sterben? Stumm schreie ich aus Leibeskräften. Das Lachen verhindert das Aussenden von Tönen. Mein Vater bemerkt meinen Todeskampf nicht. Stumm schreiend sitze ich im Seminar auf meinem Kissen mit geschlossenen Augen. Jetzt erlebe ich den Schwur noch einmal, den ich als Achtjähriger geschworen habe. Mein Vater kitzelt mich, bis ich tot bin. Er ist mein Mörder. Ich habe nichts mehr mit ihm zu tun. Wolfgang und Jürgen lachen, während ich ersticke. Sie haben Spaß daran. Zwei bösartige Zwerge finden es lustig, wenn ich zu Tode gekitzelt werde. Ich habe nichts mehr mit ihnen zu tun. Meine Mutter ist nicht da, weil sie gerade einkauft, wäscht, kocht, bügelt oder sonst etwas im Haushalt erledigt. Meine Mutter hilft mir nicht. Sie lässt mich im Stich und lässt mich krepieren. Ich habe nichts mehr mit ihr zu tun. Ich habe in dem Moment mit meinen engsten Vertrauten gebrochen. Es ist mir das Licht in Bezug auf Familie und Menschheit ausgegangen. Ich habe mich verraten gefühlt.

Wow – der Spuk hat ein Ende und ich finde mich mit einem starken Heulkrampf im Seminar auf dem Kissen sitzend wieder. Unfassbar. Was war das? Wo war ich? Wer bin ich? Bin ich acht Jahre alt? Bin ich gerade eben fast erstickt? Ich erlebe in diesem Seminar noch einmal dieses Kindheitstrauma, das mir bislang nicht bewusst ist. Die

Erfahrung ist so intensiv, dass ich sie als Kind ausgeblendet habe. Für mich als Achtjähriger ist es eine Tatsache, dass ich von meiner Familie umgebracht, ausgelacht oder im Stich gelassen werde. Mit dieser Erfahrung kann ich nach und nach verstehen, wieso mir meine Familie nie wichtig war. Oft habe ich gesagt, dass ich in die falsche Familie hineingeboren bin. „Ich habe nichts mit ihnen zu tun", sind oft meine Worte über meine Familie als Jugendlicher. Dass ich mich jedoch immer getrennt und ohne Rückhalt erlebe habe, ist mir erst jetzt bewusst. Ich dachte, dass das einfach so ist. Ich bin ja auch nicht der Einzige, der mit seiner Familie nicht zurechtkommt.

Jetzt macht plötzlich alles Sinn. Die folgenden vier Tage des Seminars verbringe ich damit, zum ersten Mal in meinem Leben, die Beziehung zu meinen Eltern und meinen Brüdern genau anzuschauen. Ich durchleuchte jeden Winkel und versuche mich an so viele Begebenheiten wie möglich zu erinnern. Das Seminar ist zwischen Weihnachten und Neujahr. Es besteht die Möglichkeit, sich das vergangene Jahr noch einmal genau anzusehen. Bei mir ist es etwas tief greifender verlaufen. Ich schaue mir mein gesamtes vergangenes Leben noch einmal an. An Weihnachten war ich zu Hause. Weihnachten sieht bei uns die letzten Jahre so aus, dass wir zu fünft beisammensitzen und die Weihnachtssoße essen. Wer die Weihnachtssoße kennt und es gelernt hat, sie zu essen, freut sich schon das ganze Jahr darauf. Mein Vater ist als Kind aus Schlesien geflüchtet und hat dieses traditionelle Essen mit in unsere Familie gebracht. Die Weihnachtssoße besteht aus Lebkuchen, Bier und Malzbier. Hört sich komisch an. Schmeckt auch anfänglich sehr gewöhnungsbedürftig. Doch es ist mit ihr wie so oft im Leben, hat man sich erst einmal an sie gewöhnt, kann man sich sein Leben nicht mehr ohne sie vorstellen. Dazu wird Sauerkraut, Bauernbrat-, Weiß- und Saitenwurst, Petersilienwurzel und frisches Bauernbrot gereicht. Köstlich. Nach dem Essen bekommen meine Mutter, meine Brüder und ich von meinem Vater Kuverts mit Geld. Frohe Weihnachten. Mein Vater bekommt nichts. Mein Vater klebt seit Jahren Wohlfahrtsmarken von guten Schwestern auf die Kuverts. Diese Marken sind mir im Seminar präsent. Ich kann mich jedoch nicht erinnern, was auf den Marken abgebildet ist. Irgendwelche gemalten Männchen, doch wie sie genau aussehen, kann ich nicht sagen. In einer Pause zwischen zwei Dyaden gehe ich zu meinem Koffer, in dem das diesjährige Kuvert liegt. Zum Glück habe ich es noch nicht weggeworfen. Zwei Marken kleben auf dem Kuvert. Auf einer sind eine Frau und ein Mann abgebildet und auf der anderen sind drei Jungen, die ein Notenblatt halten und singen, zu sehen. Mein Vater klebt seit Jahren seinen Herzenswunsch, die glückliche Familie, auf die Kuverts. All die Jahre interessiere ich mich nur für das Geld und werfe das Wahre unachtsam weg.

Diese und andere Begebenheiten meines Lebens lassen mich zum ersten Mal meine Familie in einem anderen Licht sehen und sie dadurch lieben. Während des *Enlightenment Intensive* darf nur während der Dyaden gesprochen werden. Man darf auch keinen Kontakt zur Außenwelt haben, auch nicht per Telefon. Ich kann es also kaum erwarten, dass das Seminar zu Ende ist. Ich habe erlebt, dass ich eine liebevolle Familie habe, die ich von nun an lieben werde. Ich kann zum ersten Mal in meinem Leben Liebe leben. Wenige Minuten nachdem das Seminar beendet ist, rufe ich zu Hause an. Meine Mama geht ans Telefon. Ich erzähle ihr, dass ich an einem wunderbaren Seminar teilgenommen habe, und dass ich sie liebe. Meine Mama beginnt zu weinen, da sie das noch nie von mir gehört hat. „Können wir uns am nächsten Wochenende alle treffen, damit ich euch ausführlich erzählen kann, was mir widerfahren ist?“ Da es kurz nach Weihnachten ist, fragt sie, ob sie die Weihnachtssoße noch einmal kochen soll. Was für eine wunderbare Idee. Ja. Jetzt möchte ich mit Papa sprechen. Ich erzähle ihm kurz dasselbe wie Mama und dass ich ihn liebe. Auch er weint.

Meinen Brüdern überbringe ich ebenfalls diese frohen Neuigkeiten der Liebe. Wir treffen uns alle am nächsten Wochenende und verbringen Anfang Januar unser schönstes Weihnachtsfest, das wir je hatten. Dieses Seminar hat mich mit meiner Familie versöhnt. Durch den Schwur habe ich mich immer getrennt von ihnen gefühlt und somit auch von der Liebe und meinem Leben. Ich erlebe zum ersten Mal mit Ende dreißig, was es bedeutet, eine Familie zu haben. Ich habe eine Familie.

Oft dürfen wir das Erhaltene nicht lange behalten. Wenige Monate nach unserer wundersamen Zusammenführung klingelt das Telefon. Papa ist am Apparat. „Es ist etwas sehr Trauriges“, passiert sind seine ersten Worte. Er fährt fort: „Jürgen ist heute tödlich verunglückt.“ Mir zieht es augenblicklich die Füße weg. Es ist so, als ob jemand mit voller Wucht gegen meine Fersen tritt. Ich falle zu Boden und schreie ununterbrochen vor Schmerz. Weinen ist in diesem Moment gar nicht möglich. Den Hörer halte ich verkrampft an meinem Ohr. Ich höre, wie mein Vater am anderen Ende weint. Der Schmerz ist so groß, dass ich das Gefühl habe, jeden Moment selbst vor Schmerz zu sterben. Ich sterbe nicht. Auch wenn das in diesem Moment mein größter Wunsch ist. Mir ist bewusst, dass ich den Tod meines geliebten Bruders nicht ungeschehen machen kann. Ich nehme es an. In dieser Nacht habe ich einen versöhnenden Traum. Ich gehe auf einer hohen und breiten Mauer entlang und kann nicht sehen, was links und rechts von der Mauer ist. Plötzlich bleibe ich stehen und springe genau an dieser Stelle nach rechts hinunter, ohne zu wissen, wie hoch die Mauer ist und wohin ich springe. Es sind einige Meter. Nach meinem kurzen Flug nach unten lande ich sanft auf Gras in einem Garten. Ich drehe mich zur Mauer hin und genau an dieser Stelle ist ein herzförmiges Loch. Neugierig schaue ich hindurch. In diesem Moment kommt die Hand meines Bruders langsam durch das Herz entgegen. Er hält ein weißes Tuch, das Frieden symbolisiert. Wir sind durch die Liebe in Frieden verbunden.

Letztendlich bin ich mit allen Menschen verbunden und somit sind sie alle meine Familie. Familien und Völker kreuzen sich und sind dadurch miteinander verwandt. In der Konsequenz ist ein jeder mit allen verwandt. Einige sind nur entferntere Verwandte. Wie kann ich da noch meinem Gegenüber Böses wollen, da sie alle meine Brüder und Schwestern sind? Indem wir in Familien zusammenleben, lernen wir zu teilen. Durch das Maß, in dem wir teilen, tragen wir zur Zusammengehörigkeit bei. Gleichbehandlung beim Teilen ist eine hohe Tugend. Wer zu ungleichen Teilen verteilt, schafft oft Ärger und Neid. Daraufhin folgt Streit und Zerrüttung. Leider gibt es zu viele zerstrittene Familien. Es gibt jedoch nichts, das man nicht verzeihen kann. Oft wagen wir nicht den ersten Schritt, da wir keine Ablehnung erfahren möchten. Wir stellen uns vor, dass das Gegenüber die Verzeihung nicht annehmen könnte. Lernen wir jedoch auch unsere eigenen Fehler zu sehen und dies dem Gegenüber mitzuteilen, kann oft eine Annäherung geschehen. Es ist wunderbar, wenn Versöhnung eintritt. Die meisten sind dadurch von einer großen Lebenslast befreit.

Mein Vater hat mir einmal gesagt: „Wenn wir zusammenhalten, kann uns niemand etwas anhaben." Und so ist es. Rückhalt in der Familie gibt Halt. Man kann sich aufeinander verlassen, man ist gestärkt und somit fühlt sich keiner alleine. Im Idealfall sind unsere Familienmitglieder unsere Freunde und unsere Freunde unsere Familie.

Freunde sind sehr kostbar und rar gesät. In jungen Jahren wissen wir dies oft nicht zu schätzen, wir lernen schnell und einfach Menschen kennen und trennen uns auch wieder leichtfertig von ihnen. Was ich an guten und alten Freunden besonders schätze: auch wenn man sich lange nicht spricht oder sieht, es ist immer so, als ob man sich erst gestern gesehen hätte. Vertrauen und Vertrautheit verbindet uns mit guten Freunden. Wir können uns auf sie verlassen: Sie sind für uns da, wann immer wir sie brauchen. Und was ich besonders wichtig finde: Sie können alles, was man ihnen erzählt, für sich behalten.

Oft braucht es den ersten Schritt, um auf andere zuzugehen. Viele Jahre meines Lebens habe ich mich nicht getraut, andere Menschen anzusprechen, aus Angst vor Ablehnung. Was gibt es jedoch zu verlieren? Man ist ja eh schon allein und es kann nicht schlimmer werden. Es gibt viel zu viele einsame Menschen, die sehr allein sind. Ich kann nur sagen: Traut euch.

Alleinsein ist nicht zu verwechseln mit All-Eins-Sein. Der Unterschied ist, dass man sich beim All-Eins-Sein stimmig und komplett fühlt, egal wie die äußeren Umstände sind. Man ist sich selbst genug. Man kann als Einsiedler leben und sich niemals allein fühlen und jemand anderes kann in der Gesellschaft die einsamste Seele sein. Beim All-eins-Sein löst sich jegliche Art von Trennung auf. Man fühlt sich stimmig und komplett. Man erlebt alles als eins und dadurch ist man voll und ganz angekommen.

Freunde sind wunderbare Geschenke. Ich liebe meine Freunde. *Birds with the same feather stick together.* Es geht nur darum, sich zu finden. Unter all den vielen Menschen die richtigen heauszufischen. Einen, den ich gefunden habe und der zu mir gehört, ist mein Freund Jens. Wir haben uns durch die Kunst kennengelernt. Ich hatte einen Atelierplatz zu vermieten und er ist eingezogen. Jens ist ein langjähriger Freund. Mein Künstlerfreund. Wir lieben es beide sehr, gemeinsam kreativ zu sein. Übrigens habe ich sehr viele Freunde durch die Kunst kennen- und lieben gelernt. Zumeist sind es sehr interessante Menschen, die sich mit Kunst und Kreativität beschäftigen. Die Kunst ist meine Familie.

Instant Art

Eines meiner wohl kreativsten und zugleich Lieblingsprojekte nenne ich *Instant Art*, die ich gemeinsam mit Jens entwickelt habe. Kunstwerke die spontan, unter Themenvorgabe, vor Zuschauern entstehen. Ich beschreibe es als Improvisationstheater der Bildenden Kunst. Es ist entstanden im Museum de Stadshof in Zwolle in den Niederlanden. Sponsoren, die unser Kunstprojekt im Museum gefördert haben, waren aufgefordert, beliebige Gegenstände mitzubringen, die Jens und ich vor Ort zu Kunstwerken verwandeln wollten. Das Schlüsselerlebnis wurde durch eine Frau ausgelöst, die mir eine Eisenkiste, gefüllt mit etwas rotem Stoff, einem Silberlöffel, einigen Weinflaschenkorken, etwas Draht und ihrem Mädchenzopf aus der Kindheit hinstellte und dann sagte: „Hieraus möchte ich Schneewittchen und die sieben Zwerge haben." Im ersten Moment verblüfft, im zweiten Moment gefordert, beginne ich ihren Wunsch umzusetzen. Ich nehme den Inhalt der Kiste heraus, stelle die Kiste senkrecht auf und male in den Hintergrund der Kiste Berge und Bäume. In den Löffel male ich ein Gesicht. Aus dem roten Stoff schneide ich ein Dreieck aus, das ich mit dem Draht am Löffelstiel als Kleid befestige. Die Enden des Drahtes werden zu geöffneten ausladenden Armen. Nun drahte ich die Haare am Löffel fest. Schneewittchen ist fertig, es bekommt etwas Klebstoff auf den Hinterkopf und wird in die Kiste vor die Berge und Bäume geklebt. Es sind zum Glück mehr als sieben Weinflaschenkorken in der Kiste, die durch Bemalung von Gesichtern und durch Festkleben von kleinen roten Dreiecken als Zipfelmützen zu den sieben Zwergen werden. Ich stelle sie vor Schneewittchen in die Kiste und der Wunsch ist ihr erfüllt. Das Ganze dauert circa 15 Minuten, das Publikum ist begeistert. Jetzt sind die *Instant Art*-Besucher auf den Geschmack gekommen. Der Nächste legt mir einen Kopfhörer hin und wünscht sich ein Kunstwerk zum Thema Kommunikation. Ich nagle den Kopfhörer auf ein Brett, male ein Strichmännchen so, dass es den Kopfhörer aufhat, verpasse ihm eine Sprechblase und schreibe *I can't hear you* hinein. Binnen Minuten ist es fertig. Das ist *Instant Art*. Sofortkunst. Mit dieser Kunstform können Jens und ich unsere Kreativität voll und ganz ausleben. Wir vermitteln, wie leicht und spielerisch wir Kunst entstehen lassen und wie viel Freude unsere Künstlerfreundschaft und uns dieser Beruf bereitet.

Des Weiteren stelle ich mich der Herausforderung, aus jedem beliebigen Gegenstand einen Vogel zu machen. Es hat bislang immer funktioniert, auch wenn die Vorgaben oft eine große Herausforderung dargestellt haben. Aus einer zerbrochenen Haarspange, einer Teeglashalterung und aus einem Schuhspanner sind Vögel geworden, nur um ein paar Beispiele zu nennen. In meinem Instant Art-Workshops für Kinder und Erwachsene ist es für die Teilnehmer und auch für mich immer wie ein Wunder, dass jeder das kann, wenn er sich nur ohne viel zu überlegen darauf einlässt. Ich empfinde es als ein großes Geschenk, wenn ich die Kreativität bei Menschen wecken kann, sie begeistert sind und sich dadurch leicht und frei erleben.

8. Liebe und Partnerschaft

Eine Feder
Wer verliebt ist, fühlt sich leicht
und frei wie eine Feder.
Lässt sich treiben und hinblasen,
wohin der Wind auch weht.
Taumelnd zufriedenes, unbeschwertes Glück.
Verliebt sein ist ein Rausch,
ein Schwelgen in der Fülle.
Doch wie so oft und immer wieder
fliegt diese eine Feder eines Tags davon.
Sie hatte keinen Halt.
War nur vergängliches Gefühl.
Verliebt sein ist so flüchtig und zerbrechlich.
Hingegen die Liebe hat Bestand.
Wer sie lebt, ist wie ein Vogel,
der frei am Himmel fliegt, wohin er will.
Die meisten kennen leider nur die Feder.
Der freie Vogel wird von wenigen gelebt.
Doch manchmal gibt es einen ersten Flugversuch,
sogleich ist dann der Käfig stets bereit.
Liebe ist unendlich grenzenlos,
sie kennt im Flug den Käfig nicht
und ab und zu verliert der Vogel
eine Feder.

Ein Gemälde von Rembrandt hat mich bei einem Ausstellungsbesuch in Berlin tief beeindruckt. Es ist das Abbild des heiligen Stephanus. Er ist mit einem wunderschönen, ornamentverzierten, roten Mantel bekleidet, hält die Arme offen nach oben gerichtet und schaut mit einem zufriedenen und strahlenden Gesicht. Mehrere Männer stehen um ihn herum mit großen Steinen in den Händen. Er soll gesteinigt werden. Wäre das Gemälde ein Teil einer Filmsequenz, dann würden sie in der nächsten Sekunde die Steine werfen und ihn dadurch töten. Und was macht dieser Heilige? Er bedeckt weder seinen Kopf noch seinen Körper. Er beugt sich nicht, um sich und sein Leben zu schützen, sondern er steht aufrecht und gibt sich seinem Schicksal in Frieden hin, da er erkannt hat, dass alles Liebe ist. Er ist Liebe. Die anderen sind Liebe. Es gibt nichts außer Liebe. Und er weiß, dass er von seinem Wesen her unsterblich ist. Unsterbliche Liebe.
Selbst Hass ist ein Element der Liebe, die durch irgendetwas verletzt wurde. Aus seiner Sicht wird er von der Liebe gesteinigt. Von dieser Liebe, die ihn über alles liebt. Angstfrei ist er für alles offen und bereit. Somit verlieren für ihn die Szene, in der er sich befindet, und sein nahender Tod den Schrecken. Das ist aus meiner Sicht bedingungslose Hingabe an das Unveränderbare.

Heaven – I'm in heaven. Dies mit ganzem Herzen sagen können, so wie das wunderbare Lied es singt. Den Himmel zu erleben, ist Einheit mit einem Hauch von Nichts. Grenzenloses Sein in Liebe ist Einheit und Erfüllung. Indem ich dies erkannt und verinnerlicht habe, kann mir nichts mehr passieren, was nicht sein darf. Alles, was mir widerfährt, kann mit bedingungsloser Liebe von mir genommen werden. Angstfreies Erleben ist möglich. Wovor sollte ich noch Angst haben? Es gibt nichts zu fürchten. Zumindest kann ich mir nichts vorstellen, da ich mir keine Vorstellungen mehr mache. Ungeschützt mit offenen Armen durch das Leben zu gehen, so wie Stephanus kurz vor seinem Tod, macht es unglaublich leicht und frei. Durch das Öffnen der Arme kann das Herz uneingeschränkt fließen und verschmelzen mit der Liebe. Erfahrung ist Erkenntnis. Das Wunderbare an meinem Leben ist, dass ich ein erfahrungsreiches Leben führe. Erfahrung lässt reifen. Je vielfältiger ein Leben gelebt wird, desto reicher ist es an Erfahrungen.

Wer sich an das Leben gewöhnt, lebt gewöhnlich. Die Augen erstrahlen nicht in Weichheit im Glanze. Schutz vor Offenheit scheint Halt zu geben, doch nur in der Offenheit ist man gefestigt. Schutz bedeutet Enge, Isolierung und Trennung. Man trennt sich dadurch vom direkten Erleben und alles wird wie durch einen selbst gemachten Filter erlebt. Jeder Mensch hat sich im Laufe seines Lebens seinen eigenen Filter geschaffen, durch den er das Leben gefiltert und somit verzerrt sieht. Man kann zum Beispiel, wenn man krank ist, durch den Filter der Krankheit schauen. Alles wird dadurch zum krankhaften Leiden, da ausgerechnet man selbst krank ist. Oder der Partner ist krank. Ich muss mich um ihn sorgen. Dadurch kann es sein, dass jegliche Art von Freude durch das Leiden überlagert ist. Krankheit gehört einfach zum Leben und es gibt unzählig viele kranke Menschen. Es hört sich vielleicht hart an, aber ist es nicht egozentrisch, ein Leben zu ruinieren, wenn man es im Leid ertränkt? Man sollte aufhören, sich selbst oder andere zu bemitleiden, denn dies ist ebenfalls eine Blockade, die nichts und niemanden weiterbringt. Viel sinnvoller ist es, Mitgefühl zu haben. Ich leide dadurch nicht mit wie beim Mitleid, sondern fühle mit. Ich kann mich in die Lage eines anderen versetzen und sehe und fühle es aus seiner Sicht. Ich bewundere auch jeden, der sich anderen hingibt, um deren Leid zu lindern.

Man kann zum Beispiel auch das Leben durch den Filter des Verlusts anschauen und sich dadurch in der Trauer verlieren. Wenn wir zum Beispiel geliebte Menschen oder Besitztümer verloren haben, bleibt uns nichts anderes übrig, als es schnellstmöglich ziehen zu lassen, da es unwiederbringlich vorbei ist. Wir verlieren über kurz oder lang sowieso alles. Warum also jetzt so krampfhaft da-ran festhalten? Die Basis von wahrer Liebe ist Losgelöst-heit. Wer sich an Dinge oder Menschen klammert, hat die wahre bedingungslose Liebe noch nicht erfahren dürfen. Nur indem wir nicht mehr halten, kann sich die Liebe als das entfalten, was sie ist. Frei. Je freier man gelernt hat zu lieben, desto freier wird die Liebe von unserem Umfeld erlebt. Wer möchte schon von jemandem aus Liebe beschränkt oder gar eingesperrt werden? Das ist keine wahre Liebe, sondern einfach nur Besitzenwollen oder Eifersucht. Oder man liebt jemanden, da man nicht alleine sein kann oder sich alleine als nicht komplett erlebt. Das ist Liebe aus Mangel und funktioniert ebenfalls nicht. Es entstehen dadurch Abhängigkeiten und das hat auch nichts mit Liebe zu tun. Liebe kann auch nicht besitzen, sie lässt alles frei. Wahre Liebe ist unverwundbar und unberührbar wie ein Spiegelbild im Spiegel. Es erscheint, kann aber nie berührt werden. Es bleibt also immer unantastbar und rein – so wie die Liebe selbst. Liebe hat unendlich viele Facetten. Wir haben zu allem und jedem eine unterschiedliche Liebesbeziehung. Ich genieße es immer sehr, wenn Freundschaften zu Liebesbeziehungen werden, und ich meine damit nicht sexuelle Beziehungen. Wenn man an den Punkt kommt, dass man die Liebe nicht auf eine Person beschränken muss, sondern alle Menschen lieben kann, mit denen man in Berührung kommt, egal wie lange man sie kennt und wie eng oder fern die Beziehung zu ihnen ist. Dann hat die Liebe ein Leben ergriffen und erfüllt.

Eine meiner schönsten Liebesbeziehungen meines Lebens hatte ich mit meinem Hund Kümmel. Genannt Kümmelchen, Kümmelbümmel, Wutzelchen oder auch einfach liebevoll „Terrortier“ gerufen. Wir waren unzertrennbar. Kümmel war auf Schritt und Tritt bei mir. Dieser Hund hat mir gezeigt, was bedingungslose Liebe ist, da er mich bedingungslos liebte. Er hat mich einfach so genommen, wie ich bin, und ich ihn auch. Es war eine Verbindung von Herz zu Herz. Ich hatte mir, bevor ich einen Hund hatte, nie vorstellen können, wie schön eine Liebesbeziehung mit einem Tier sein kann. Kümmelchen ist schon seit fast vier Jahren tot. Es wurde mir mein letzter sehnlichster Wunsch erfüllt, dass Kümmel in meinen

Armen sterben darf. Oh mein Gott, hab ich dieses Tier geliebt. Jeder, der ein Tier liebt oder je geliebt hat, kann dies wahrscheinlich nachvollziehen. Ich habe auch daraus gelernt, dass wir unsere Liebe nicht nur auf Menschen beschränken sollten. Ich bin der Meinung, dass es egal ist, wen oder was man liebt. Die Hauptsache ist, dass man die Liebe in diesem Leben überhaupt erfahren darf.

Du bist die Liebe meines Lebens. Diesen Satz möchte wohl jeder gerne einmal im Leben hören. Indem ich mein Herz bedingungslos für meinen Partner öffne, kann ich auch bedingungslos geliebt werden. Ich mache in meinem Leben die Erfahrung, dass man das, was man mit reinem Herzen, ohne Bedingungen gibt, erwidert wird.

Kurz nach dem Kennenlernen meines jetzigen Partners habe ich am zweiten Abend erstaunt Folgendes vernommen: „Verlieb dich nicht in mich, ich glaube nicht an die Liebe und ich möchte keine Beziehung haben." Ich bin der Meinung, dass wohl die meisten von uns an diesem Abend aufgegeben hätten, mit der Begründung, „das wird eh nichts", wozu soll ich dafür irgendetwas investieren? Für mich war das ganz anders. Ich habe diese drei kurzen Sätze meines Gegenübers als Ansporn gesehen. Da gibt es jemanden auf dieser Erde, der nicht an die Liebe glaubt? Unglaublich – na warte. Dir werde ich schon zeigen, was Liebe ist. Mittlerweile bekomme ich jeden Tag gesagt, wie sehr ich geliebt werde. Das ist für mich Erfüllung und macht mich sehr glücklich. Ich habe zumindest einer Person gezeigt, was wahre Liebe ist. Somit hat sich mein Leben schon gelohnt.

„Du bist das Tollste, das mir bislang in meinem Leben passiert ist." Ist es nicht wunderbar, wenn man diese Worte zu seinem Partner sagen kann? Am liebsten würde ich meine Zeit nur noch mit meinem Partner verbringen. Es fehlt mir überhaupt nichts und niemand, wenn wir zusammen sind. Zum Leidwesen vieler Freundschaften, da meine Zeit dadurch sehr knapp für andere geworden ist. Du bist mein bester Freund. Indem der Partner auch noch zum besten Freund wird, erweitert sich das Zusammensein ebenfalls. Es findet eine Art Zusammenwachsen statt. Zusätzlich ergänzen wir uns perfekt im Alltag. Jeder verrichtet die Tätigkeiten, die ihm mehr Freude bereiten. Somit muss sich keiner bei den selbst auferlegten Arbeiten quälen. Bis auf das Bügeln …

Wir haben leider oft zu festgefertigte Vorstellungen, wie unser Partner zu sein und auszusehen hat. Er muss auf jeden Fall erfolgreich sein. Er soll einen tollen Beruf haben. Er muss Humor haben und witzig sein. Er muss unterhaltsam sein. Gut im Bett sein, ist natürlich auch sehr wichtig. Er soll zärtlich und einfühlsam sein. Er soll gut aussehen. Er soll einen guten Haarschnitt haben und möglichst keine Brille tragen. Er soll gesund und sportlich sein. Er soll ordentlich und zuverlässig sein, von Pünktlichkeit ganz zu schweigen. Er soll gut kochen können. Er soll eine schöne Wohnung oder ein schönes Haus haben, am besten noch mit einem großen Garten. Er soll Kinder haben wollen. Er soll frei von Bindung sein, dass man ihn nicht teilen muss und man somit nur die oder der Geliebte ist. Er soll gepflegt sein und auf keinen Fall Mundgeruch und Käsefüße haben. Und so weiter und so weiter. Und wehe, eines der vorgestellten Dinge wird nicht erfüllt, dann ist die neue Liebe schnell am Ende und wird fallen gelassen. Das ist sehr schade, denn dadurch verpassen viele von uns die Liebe ihres Lebens oder finden nie einen vermeintlich geeigneten Partner.

Wer kann schon all die Erwartungen erfüllen? Unsere Begründung ist oft, dass wir schon ein gewisses Alter erreicht haben und keine Kompromisse mehr machen möchten. Es funktioniert jedoch nicht ohne Kompromisse. Keiner kann all unseren Vorstellungen entsprechen. Es ist ein ständiges Geben und Nehmen und sich Entgegenkommen und Annähern. Liebe wächst, indem man sie behutsam pflegt. Diesen Urknall des Sichverliebens zu erfahren, ist schön. Es muss jedoch nicht so passieren. Es gibt viele Wege, wie sich Liebe entwickeln kann. Ich habe die Erfahrung gemacht, dass es auch wunderschön ist, wenn man langsam, aber sicher zusammenwächst und sich dadurch die Herzen verbinden. Eine glückliche Partnerschaft basiert auf Ehrlichkeit und Vertrauen. Es ist letztendlich egal, was man macht, Hauptsache, man kann es mit dem Partner teilen. Es treten Meinungsverschiedenheiten auf, die sich nur lösen lassen, indem wir unser Erleben teilen. Somit lernt der Partner uns zu verstehen und uns so zu lieben, wie wir sind, ohne uns verändern zu müssen.

Nur in dem Maße, wie du dich selbst liebst, bist du fähig, andere zu lieben. Ich habe gelernt, mich selbst zu lieben. Mich mit Haut und Haar so zu nehmen, wie ich bin.

Sollte mich etwas an mir stören, dann verändere ich es schnellstmöglich. Es hat zwar lange gedauert, bis ich mich selbst lieben konnte, da ich mich viele Jahre meines Lebens abgelehnt und im Extremfall auch gehasst habe. Natürlich habe ich das immer verborgen und deshalb empfinde ich es nicht als selbstgefällig zu sagen, dass ich mich selbst liebe, sondern ein wunderbares Gefühl von Frieden und Glück breitet sich über die Liebe zu mir selbst aus. Am liebsten möchte ich mich auf einen Kirchturm stellen und ganz laut schreien: Ich liebe mich.

Die zarte Rose

geschrieben für die Liebe meines Lebens

In einem Wildrosengarten wächst eine Rose heran, die auf den ersten Blick all den anderen Rosen gleicht. Doch sie ist anders. Ihre Blütenblätter sind kleiner und zarter und an ihrem zerbrechlichen Stil wachsen Dornen, die zwar aussehen wie Dornen, jedoch so weich und zart sind, dass sie nie jemanden damit stechen könnten. Im Gegenteil, man könnte mit dieser Rose liebkost und gestreichelt werden. Sie ist gerne eine Rose und genießt ihr Leben unter all den vielen anderen Rosen. Dass sie etwas anders und zerbrechlicher ist, stört sie nicht, denn sie hat erkannt, dass nicht alle gleich sein können und dass in der Unterschiedlichkeit die Schönheit liegt. Sie sieht sich durch ihr Anderssein weder als minderwertig noch als etwas Besonderes. Sie ist einfach, wie sie ist. Die Sonne scheint jeden Tag für sie und lässt sie durch ihr Scheinen in einem satten Dunkelrot erglühen. Sie ist so schön, wie eine Rose nur schön sein kann. Man kann sich nicht sattsehen an ihr. Ausreichend frisches sanftes Wasser steht, wann immer sie Durst haben könnte, zur Verfügung. Es sind Wassergräben gezogen, durch die ständig Wasser fließt. Noch nie in ihrem Leben hat sie gedürstet. Sie kennt es nur aus Erzählungen der alten Rosenstöcke. „Was ist Durst?", möchte die Rose wissen. Sie liebt es, den Rosenstöcken bei ihren Geschichten zuzuhören, und kann sie nicht oft genug erzählt bekommen. Die Rosenstöcke sind ihre Freunde und die Rose liebt an ihnen, dass sie so erfahren sind und so viel wissen. Ein Rosenstock ergreift sofort das Wort und beginnt die Geschichte vom Durst zu erzählen. Wenn eine Rose Durst hat, dann bekommt sie nicht genügend Wasser. Sie kann ihre Blätter und auch Blütenblätter nicht mehr straff nach oben halten. Sie beginnen sich nach unten zu senken, verlieren an Farbbrillanz, fallen schließlich ab und die Rose vertrocknet und stirbt.

Die Geschichten der Rosenstöcke sind zumeinst sehr kurz, da sie schnell, einfach und klar erzählt sind. Jetzt möchte die Rose die Geschichte vom Sterben hören. Ein jeder Rosenstock erfreut sich, wenn er seine Geschichten teilen kann. Man muss ihn niemals zweimal bitten. Wenn eine Rose stirbt, löst sich ihr Körper und vergeht. Die Rose hingegen erlebt Einheit, die sie immer war. Dann möchte ich auch sterben. Du wirst sterben. Genieße jedoch bis dahin jeden Moment, ohne dir Gedanken oder Sorgen darüber zu machen. Denn du wirst nicht wissen, wie es ist, bis du es am eigenen Leib erfährst. Erlebe Einheit zu Lebzeiten und siehe, dass du ein unverzichtbarer Teil des Ganzen bist. Spüre den leichten Windhauch auf deinen Blättern, lasse dich von der Sonne wärmen und lasse dich in deiner Schönheit bewundern. Nimm das Leben, wie es ist. Siehe die Schönheit des Lebens in jedem Moment. Lasse dein Leben durch nichts trüben, egal was dir geschieht. Siehe alles, was dir begegnet, als kostbares Geschenk.

„Heute bekommst du eine Geschichte von mir erzählt, die du noch nicht gehört hast. Bald wirst du geschnitten und uns für immer verlassen. Wir werden uns nie wieder in dieser Form sehen. Wir werden dich noch eine lange Zeit vermissen, da wir dich sehr lieben. Es wird schon morgen vor Sonnenaufgang geschehen. Dies ist dein letzter Tag, an dem du die Sonne erleben wirst." – „Warum erzählst du mir diese Geschichte erst jetzt? Ich hätte mich schon lange darauf vorbereiten können." – „Ja, aber du hättest vor lauter Vorbereitung die Schönheit des Lebens in diesem Garten nicht mehr wahrgenommen. Du hättest dir Sorgen gemacht über Trennung und Verlust und das wollten wir nicht. Wir wollten dich immer glücklich sehen." In dieser Nacht schläft die Rose zum ersten Mal in ihrem Leben nicht. Vertrocknen, sterben, Durst, geschnitten – wie wird all dies sein? Soviel sie auch darüber nachdenkt und es sich versucht vorzustellen, sie kann es sich nicht vorstellen, da sie den nächsten Moment nicht kennt.

Ein Pfau schreit im Morgengrauen. Feine Frauen kommen mit großen Körben, in denen Messer liegen. Sie verteilen sich zwischen den Rosenstöcken und beginnen die Rosen zu schneiden. Eine Frau kommt näher und näher. „Jetzt bin ich an der Reihe", denkt die Rose und in diesem Moment verspürt sie ein Gefühl der Trennung. Der scharfe Schnitt entzweit sie. Sie wird behutsam in den Korb gelegt mit all den anderen wunderschönen Rosen. Kurz nachdem der erste Sonnenstrahl erscheint, wird es dunkel und eng. Die Rose liegt gebettet auf Rosen im Karton. Es ist doch noch nicht Nacht! Wie kann das sein? Es beginnt zu holpern, als sie fahrend auf einem Feldweg unterwegs ist. Sie wird zum Flughafen transportiert.

Im Kühlraum des Flugzeugs angekommen, wird es für die zarte Rose zunehmend unangenehm. Sie spürt, wie es kalt und kälter wird, und langsam beginnt sie, Durst zu haben. „Jetzt weiß ich auch, was Durst ist“, denkt sich die Rose. „Ich hoffe, dass ich nicht verwelke.“ Ihren Blättern ist der Durst jedoch bislang nicht anzusehen. Viele Stunden muss die Rose in der Dunkelheit gepaart mit Kälte verharren. Was wird wohl noch alles geschehen? Eigentlich stünde sie jetzt von der Sonne gewärmt in ihrem Garten. Mit Wehmut denkt sie an die schöne Zeit zurück und an die Worte des Rosenstocks, dass sie sich nie wiedersehen werden. Der Karton geht auf und grelles Licht bescheint die Rose. Der Durst wird stärker. Sie wird auf einem Blumengroßmarkt verkauft. Als sie wieder ins Wasser gestellt wird, ist sie bereits in einem Blumenladen angekommen. Ah, frisches Wasser. Sie versucht, durch ihren etwas eingetrockneten Schnitt das Wasser zu genießen.

Ein Mann kauft sie mit noch 39 anderen. Er schenkt die Rosen der Liebe seines Lebens und erfreut sich selbst der Wunderschönen in jedem Augenblick. Beim Vorbereiten der Rosen für die Vase hat er viel zu tun. Diese Rosen haben ausgesprochen viele und harte Dornen. Er nimmt die unteren Blätter ab, befreit die Rosen von den Dornen und schneidet sie schräg an. Als ihm die zarte Rose in die Hände kommt, hat er bereits einige andere Rosen entdornt. Ihm fällt sofort auf, dass diese Rose Dornen weich wie Blütenblätter hat. Es entgeht ihm auch nicht, dass sie die Zierlichste von allen ist. Sie kann ihren Kopf nicht mehr so aufrecht halten wie gewohnt. Leicht kippt er zur Seite und ihre Blätter hängen auch hinunter. „Ich habe Durst", denkt sich die Rose. Der Mann schenkt sehr oft Rosen und kennt sich gut mir ihnen aus. Er nimmt die zarte, etwas welke Rose und legt sie in kühles Wasser in die Badewanne. Nachdem sie dort mehrere Stunden verbracht hat, bettet er sie inmitten des üppigen Straußes und stellt die Vase für die Liebe seines Lebens auf den Tisch. So kann die zarte Rose gestützt unter Ihresgleichen zufrieden in Ruhe verwelken.

9. Veränderung und Verlust

Lasse alles deine Hand streifen ohne festzuhalten, du hast es gehabt.

Nichts besitzen zu wollen, ist eine große Herausforderung. Denn wir denken, je mehr wir besitzen, desto besser müsse es uns gehen. Je mehr man jedoch hat, umso mehr muss man sich darum kümmern und sorgen. Alles ist uns nur auf bestimmte Zeit geliehen. Wenn man sich darüber im Klaren ist, kann man Erhaltenes als Geschenk betrachten, ohne sich daran festklammern zu müssen. Manchmal habe ich das Gefühl, dass ich nichts habe und auch nichts behalten kann und fühle mich dadurch haltlos. Haltlosigkeit birgt jedoch auch die Qualität von Schwerelosigkeit. Ohne Schwere sein. Ein Gefühl, das erlebt wird, wenn wir im Wasser oder in der Luft sind.

Wir können jedoch nichts für immer halten. Selbst die schönste Umarmung lösen wir nach gewisser Zeit. Auch wenn ich nie mehr loslassen möchte, wenn ich jemanden liebe und in meine Arme nehme. Seitdem ich verinnerlicht habe, dass jede Sekunde, und ich meine wirklich jede Sekunde, unvergleichbar neu und unwiederbringlich vorbei ist, kann ich das Leben fließen lassen. Oft bin ich davon tief berührt, da diese Einmaligkeit mir zeigt, dass alles endlich ist. Wir versuchen auf Erfahrungen aufzubauen oder Erfahrenes in neuen Situationen zu verwenden. Das ist letztendlich jedoch nicht möglich, da wir alles immer zum ersten Mal erleben. Wir machen niemals eine Erfahrung zweimal. Es mag Ähnlichkeiten in vielen Situationen geben, doch es ist immer zumindest ein wenig anders und dadurch bleibt das Leben neu. Routine ist vereinfachend, geht aber leicht einher mit Langeweile. Dadurch verliert das Leben an Brillanz und verliert seinen Glanz.

Oft werde ich gefragt, ob es mir nicht langweilig ist, immer nur Vögel zu malen. Ich antworte, dass ich gerade erst angefangen habe, Vögel zu malen, und ich male sie seit 14 Jahren. Jeder Vogel wird immer zum ersten Mal gemalt. Egal wie alt diese Erde auch ist, sie hat diesen Vogel noch nicht gesehen. Ist ein Vogel fertig, lasse ich ihn sinnbildlich sofort fliegen. Ich halte mich nicht mehr mit ihm auf. Somit ist immer Raum für jeden neuen Vogel und ich belaste mich dadurch nicht mit Altem, das unwiederbringlich vorbei ist. Mit Veränderung zurechtzukommen, fällt vielen schwer. Viele Menschen haben Angst vor Veränderung. Eine der größten Herausforderungen ist wohl, würdevoll zu altern. Man sieht es den Menschen an, denen dies gelingt. Sie strahlen etwas Würdevolles aus. Ich finde es sehr schade, wenn Menschen versuchen, künstlich jünger auszusehen. Man sieht es doch fast immer, wenn jemand Schönheitsoperationen vorgenommen hat. Und wer sieht nach der Operation eigentlich besser aus? Ich kenne kein gutes Beispiel dafür. Oft habe ich in meinem Leben gesagt, dass es jetzt so bleiben könnte, wie es ist. Es bleibt aber einfach nichts so, wie es ist und es einmal war. Alles ist ständigem Wandel unterlaufen. Doch wenn man den Wandel bedingungslos annehmen kann, birgt er auch einen sehr kostbaren Schatz. Den Schatz der Einzigartigkeit, die so schön ist, dass ich vor Glück schreien könnte. Veränderungen können auch drastisch sein und uns schwer erschüttern. Heute ist noch alles wunderbar und morgen steht die ganze Welt schon Kopf. Situationen, die nicht zu ändern sind, sollten schnellstmöglich als so gegeben angenommen werden, da man sich ansonsten rasch verstrickt und dadurch unglücklich wird.

Innerhalb von zwei Wochen sind zwei sehr wichtige Menschen in meinem Leben tödlich verunglückt. Bettina und Matthias. Beide aus dem blühenden Leben gerissen, mit Mitte vierzig verstorben. Bettina habe ich durch meinen Beruf kennengelernt. Sie war einer meiner größten Fans. Es ist ein schönes Gefühl, wenn man jemanden kennt, der an einen glaubt. Bettina und ich haben mit viel Liebe und Ausdauer den *Birdman*-Shop im Internet aufgebaut. Bettina ist am 17. Mai 2009 bei einem S-Bahn-Unglück gestorben. Matthias habe ich mit 16 Jahren kennengelernt. Er war mein ältester Freund. Wir haben uns immer ausgemalt, wie wir als Greise noch immer befreundet sein werden. Es ist leider anders gekommen. Matthias ist am 1. Juni 2009 mit einem Flugzeug abgestürzt. Zu dieser Zeit erfüllt die Endgültigkeit mal wieder mein Erleben. Bedingungslos lasse ich mich vom überraschenden Tod der beiden treffen. Mal wieder gibt es keinen Abschied. Verliert man jemanden durch einen tödlich verlaufenen Unfall, ist das Schlimmste dieses Abgerissensein. Die Trennung ist sehr schmerzhaft. Ich habe mir zu einem meiner Lebensgrundsätze gemacht, dass ich den anderen immer in Frieden und mit einem guten Gefühl verabschiede, da es das letzte Mal sein könnte, dass man sich sieht. Und ich denke, dass es noch schmerzhafter ist, wenn man sich verliert und zuvor nicht versöhnt war. Ich öffne mein verletztes Herz, damit der Schmerz mich tief berühren kann. Mich von der Wahrheit treffen lassen. Zulassen, annehmen, nicht nach dem Wieso oder Warum fragen, einfach nur treffen lassen. Für das Wieso oder Warum gibt es keine Antwort. Es entsteht dadurch nur quälende Selbstmarter und ändert nichts am Geschehenen. Im Gegenteil, es wird schlimmer.

Man braucht auch nicht nach einem Schuldigen zu suchen oder nach Vergeltung zu schreien. Das bringt ebenfalls nichts. Es macht nicht glücklich. Man verliert sich dadurch nur in Wut, Groll und Zorn. Zufriedenheit stellt sich nur durch Vergebung ein. Im Laufe meines Lebens habe ich erkannt, dass sich durch die Annahme alles integriert. Es ändert an der Situation nichts. Egal, ob ich es annehmen kann oder nicht. Nicht-wahrhaben-wollen schiebt den Schmerz vermeintlich beiseite. Er bleibt jedoch an einem kleben. Ein verdrängter Schmerz ist nicht gelebt – er bleibt uns für immer. Durch die direkte Annahme wird der Schmerz im Herzen verbunden und kann sich somit auflösen. Mein Schmerz ist so groß und überwältigend, dass ich glaube, vor Schmerz zu sterben. Es passiert jedoch nicht.

Es ist erstaunlich zu erfahren, was alles auszuhalten ist. Es ist, wie es ist. Du änderst es nicht. Nur wenn du es nimmst, wie es ist, ändert es sich. Dadurch wird es zu einem Teil von meinem Leben und mir. Mein Herz beginnt langsam zu heilen. Es öffnet sich mehr und fühlt sich größer an, da ich Bettina und Matthias in mir trage. Für immer. Ich denke immer sehr gerne an beide, da sie so schöne und strahlende Menschen waren, sehr positiv und lebensbejahend. Beide waren immer für andere da. Mit selbstloser Liebe. Alles, was man für andere macht, macht man wahrlich für sich selbst.

Oft wollen wir verlängern oder festhalten. Darum geht es im Leben jedoch nicht. Ich erkenne, dass ich Bettina und Matthias hatte, und allein dies ist eines meiner größten Geschenke in meinem Leben. Ich kannte sie und durfte meine kostbare Zeit mit ihnen teilen. Für dieses große Geschenk bin ich sehr dankbar. Manchmal mache ich mir Vorwürfe, dass ich nicht genug Zeit mit ihnen verbracht habe. Verpasste Gelegenheiten.

Doch dann erkenne ich, dass es nicht darum geht zu verlängern. Es ist einfach so und indem ich das so akzeptieren kann, werde ich gelassen. Haltlos, behalten, es gibt keinen Halt. Halten heißt stehen. Wer loslässt, hat alles, kann gehen. Weitergehen, weitermachen, mitfließen – ohne in den Fluss des Lebens eingreifen zu wollen. Oft bilden wir uns ein, dass wir eingreifen können, wir sind jedoch in vielen Situationen einfach machtlos. Ohne Macht sein. Sich von dieser Machtlosigkeit, die man auch als Ohnmacht bezeichnen kann, mitreißen zu lassen, beinhaltet die Qualität von Hingabe und Vertrauen.

Wir wollen oft Dinge oder Menschen besitzen, da wir dadurch Halt verspüren. Die Veränderung und Vergänglichkeit des Lebens macht vielen Angst. Es ändert sich jedoch jeden Tag alles. Alles ist immer neu. Indem ich gelernt habe, dass ich nichts besitzten kann, sondern mir alles nur auf bestimmte Zeit geliehen ist, muss ich es auch nicht mehr festhalten. Somit verspürt das Gegenüber großen Freiraum. Ich habe eine Hand voll Vogelfutter und halte sie einfach nur hin. Wenn ein Vogel kommt und aus ihr frisst, gefällt mir das. Manchmal muss man die Hand mehrmals und mit viel Geduld hinhalten, bis ein Vogel kommt. Kommt keiner, ist das auch in Ordnung.

Unser aller Leben hängt jeden Moment an einem seidenen Faden. Seitdem ich dies tief verinnerlicht habe, genieße ich immer alles aus vollen Zügen und nehme jeden Moment, wie er kommt – ganz. Sollte es morgen vorbei sein, dann habe ich gelebt und mir alles gegönnt.

Die Fliege, die unbedingt einmal schwimmen wollte

Es war einmal eine Fliege, deren sehnlichster Wunsch es war, einmal in ihrem Leben zu schwimmen. Sie hätte dafür sogar das Fliegen aufgegeben. Aber so sehnlichst sie es sich auch wünschte, es trat nicht ein. Bis sie eines sonnigen Tages im Juli in ein Haus flog. Die Badezimmertüre stand offen. Sie hörte ein Duschgeräusch. „Es rauscht", dachte sich die Fliege, „es rauscht wie Wasser." Also flog sie schnurstracks in die Nähe des Wassers, um zu sehen, ob ihr wohl heute ihr sehnlichster Wunsch erfüllt werden sollte. Ein Mann stand unter der Dusche. „Er ist wie ich, er versucht auch zu schwimmen." Die Fliege hatte übrigens noch nie von Menschen gehört, geschweige denn je einen gesehen. „Es gelingt ihm nicht, es gelingt ihm nicht", dachte die Fliege mitleidsvoll. Plötzlich stoppte das Wasser. Er hat es nicht geschafft und er hat auch noch nicht mal Flügel. Er tut mir wirklich leid. Ich fliege mal näher an ihn heran, um ihn zärtlich zu berühren. So sanft und behutsam sie kann, landet sie auf seinem linken Arm. Die rechte Hand des Mannes erschlägt die Fliege in Sekundenschnelle. Er dreht noch einmal das Wasser auf und schwemmt sie hinweg.

Wenn die Fliege dies erlebt hätte, wäre sie sehr glücklich gewesen, denn ihr sehnlichster Wunsch ist ihr erfüllt. Sie hat das Fliegen für das Schwimmen hingegeben und treibt im Abfluss davon.

10. Frieden und Freiheit

Versöhne dich mit dir selbst, versöhne dich mit deiner Familie, deinen Freunden, Nachbarn und Bekannten und siehe, es herrscht Frieden.

Ergänzen könnte man noch: Versöhne dich mit deinen Feinden, denn Feinde waren vorher meist Freunde, Nachbarn oder Bekannte. Wenn sich alle Menschen heute mit allen, die sie kennen, versöhnen würden, hätten wir morgen Frieden auf Erden. „Ach, ist der Birdman naiv", könnte man sagen. Ich kann es aber aus eigener Erfahrung schreiben: In meiner kleinen Welt hat es sich erfüllt. Ich erinnere mich an keine Situation in den letzten Jahren, in der ich mich mit jemandem ge- oder zerstritten hätte. Früher hingegen war ich sehr streitsüchtig. Ich habe mich nur in Extremsituationen gespürt und Menschen oft bewusst provoziert. Es war eine Art von Abreagieren, die ich gebraucht habe, da ich im Kern meines Wesens unglücklich war. Dass ich andere und mich damit nur selbst verletzt habe, ist mir erst Jahre später bewusst geworden. Vieles war endgültig festgelegt von mir. Nachgeben und Verzeihen war aus meiner Sicht unmöglich. Ich habe vorschnell be- und verurteilt, ohne Gnade. Oft habe ich jemanden entwertet nur aufgrund seines Äußeren oder seiner Herkunft. Hinter dem ersten Eindruck kann sich aber etwas ganz anderes verbergen. Ein Fremder befremdet, ruhe in dir, gib dir und ihm Zeit, bald seid ihr zu zweit.

Es gab für mich auch immer nur Schwarz oder Weiß. Heute kann ich unzählige von Grautönen sehen. Dies macht mein Erleben unglaublich vielseitiger, weicher und einfacher. Beim ersten Besuch in meinem Haus bekommt man eine kleine weiße Holztaube in die Hand gelegt, begleitet mit den Worten Frieden und Freiheit. Wenn ich diese beiden Worte tief in mir erblühen lasse, entsteht ein starkes Gefühl von Sehnsucht. Trauer und Schmerz erfüllen mich, da es für mich das Größte ist, wenn auf dieser Erde Frieden und Freiheit herrschen würden. Warum schaffen wir es einfach nicht, friedlich miteinander zu leben? Wenn wir alle in unserem nahen Umfeld Frieden schaffen könnten, dann könnte sich dieser wie ein Lauffeuer über die ganze Welt verbreiten. In vielen Ländern der Erde herrscht zum Glück kein Krieg, dennoch gibt es den täglichen Kleinkrieg im Miteinander, der so vieles zerstört. Ich denke, dass es viel mit Besserwissen, Missverständnissen und Nichtverzeihenkönnen zu tun hat.

Hierzu muss ich eine Geschichte erzählen: Ich war mit einem Freund beim Italiener essen. Wir haben beide eine Pizza bestellt und er als Vorspeise einen Insalata Mista. Als sein Salat kam, war ich beeindruckt von der Größe und dem Aussehen des Salats. Ich überlegte mir, ob ich auch noch so einen Salat bestellen sollte. Zu der Zeit hatte ich sehr wenig Geld und wollte vorher den Preis abklären. Ich fragte ihn: „Was kostet denn der Mista?“ Er brauste auf und sagte mir, dass es sein Salat sei und ich ihn ja nicht zu essen bräuchte. Ich verstand überhaupt nicht, was los war. Bis wir im zähen Kleinkrieg endlich das Missverständnis aufklären konnten. Er hat verstanden: „Was kostet denn der Mist da?“ Er dachte, dass ich sein Essen schlechtmachen will. Leider werden viele Missverständnisse nicht aufgeklärt und bleiben für immer zwischen den Betroffenen stehen. Wir sind oft nachtragend und es fällt uns schwer zu verzeihen. Ich kann auch nicht verstehen, wie ganze Völker untereinander zerstritten sind. Man kann sich bestimmt oft überhaupt nicht mehr an die Ursache erinnern. Es ist einfach schon immer so, solange man denken kann. Die Väter waren zerstritten, die Großväter waren zerstritten und die Söhne machen einfach so weiter. Warum kann man Altes nicht einfach mal begraben und neu beginnen? Warum ist vielen von uns Vergangenes so wichtig?

Ich habe gelernt, dass Vergangenes unwiederbringlich vorbei ist und halte mich überhaupt nicht mehr damit auf. Dadurch gibt es auch nichts mehr, was nachzutragen ist, das Leben beginnt einfach jede Sekunde von Neuem. In meinem Leben herrschen schon lange Frieden und Freiheit. Ich habe mich mit mir selbst versöhnt, das heißt, dass ich mein Leben und mich bedingungslos so nehme, wie es ist und wie ich bin. Genauso bin ich mit allen anderen versöhnt. Ich brauche niemanden mehr zu verändern.

Ich möchte auch nicht mehr anders sein, als ich es bin, und irgendeinem Ideal hinterherhinken, das ich eh nie erreichen kann. Auch die Suche hat sich längst erledigt und dadurch hat sich vieles entspannt. Mein Erleben ist mit Angekommensein gleichzusetzen. Ich bin da. Es klingt sehr fantastisch, aber ich erlebe den Himmel auf Erden, es ist unbeschreiblich schön. Ich bin im Paradies angekommen. Es ist ein Trugschluss, dass wir nach dem Tod irgendwo hinkommen. Für diesen Körper ist das Leben dann endgültig vorbei. Nach dem Tod sind wir die Einheit, die wir jetzt schon immer sind, ohne es zu wissen. Ein Wesen verwest – das Wesentliche nicht. Das Wesentliche ist die Lebensgrundlage für ein Wesen. Warum können wir nicht erkennen, dass die Erde der Garten Eden ist? Die Erde ist als Basis reine Natur, wenn wir uns alle Bauten und alle Entwicklungen wegdenken. Die Erde scheint nicht perfekt zu sein und wir haben die Erwartung, dass das Paradies perfekt ist. Deshalb können wir das Paradies nicht erkennen. Es ist nur unperfekt, wenn ich es anders haben möchte, als es ist. Viele Jahre war ich ein Suchender. Ich wusste aber nicht, wonach ich suchen sollte. Gefunden habe ich weniger als nichts und dennoch ist das alles. Ich habe den Zusammenhang erkannt. Das Unfassbare. Den Hintergrund gesehen und erlebt, der unsichtbare Hintergrund, der alles zusammenhält und uns verbindet.

Wenn wir oberflächlich schauen, dann sehen wir viele Lebewesen, die vermeintlich getrennt voneinander leben. Das Unsichtbare, das uns umgibt, ist jedoch das wahre Leben. Gott. Man kann es nicht sehen, da es immer unsichtbar ist. Es ist unverwundbar, unsterblich, grenzenlos und es gibt grenzenlosen Halt. Man kann es nicht sehen, sondern nur erleben, und dadurch löst sich Trennung auf und das Erleben von Einheit stellt sich ein. Wir sind von unserem Wesen her untrennbar und unsterblich. Das Einzige, was vergeht, ist unser Körper.

Wie oft stellen sich Menschen die Frage: „Warum lässt dieser allmächtige Gott Kriege, Mord, Krankheit und dadurch so viel Leid zu?“ Natürlich lässt er es zu. Er lässt geschehen, da er Bedingungslosigkeit ist. Er bietet nur die Basis für das Leben, das in ihm entsteht und vergeht. Für das Göttliche ist alles gleichwertig, egal was und wie es passiert. Es bietet uns einfach nur die Basis für unser Leben, für das, was wir sind. Letztendlich sind wir alle Gott, denn wir entscheiden, was im Göttlichen passiert. Das kann jeder von uns ausprobieren. Wir haben immer die freie Wahl, etwas zu tun oder nicht. Ich kann helfen oder es lassen. Ich kann aufstehen oder liegen bleiben. Im Extremfall können wir über Leben und Tod entscheiden. Ich kann eine Fliege, die mich ärgert, fangen und sie aus dem Fenster fliegen lassen oder sie töten. Doch wer gibt uns das Recht, dies zu tun? Wir selbst geben uns das Recht, indem wir viele Lebewesen nicht als gleichwertig betrachten. Es ist normal zu töten. Niemand beanstandet es.

Oft töten wir nicht selbst, sondern lassen andere für uns töten. Ich denke, wenn jeder sein eigenes Lamm töten müsste, um Lammbraten zu essen, dann gäbe es viel mehr Vegetarier. Ich bin generell gegen Lebewesen in Käfigen. Wer gibt uns das Recht, Tiere einzusperren, sie zu töten und sie zu essen? Oft höre ich, dass Tiere auch Tiere fressen. Es gibt nur einen entscheidenden Unterschied. Ein Tier, das von einem Tier gefressen wird, lebt bis zu seinem Tod in Freiheit. Die Tiere, die unserer Nahrung dienen, sind in Gefangenschaft geboren und ein Leben lang gefangen. Leichtigkeit und Freiheit erleben sie nie. Sie bekommen keine Begnadigung am Ende ihrer Haft, sondern die Todesstrafe. Ich möchte nicht mit dem Zeigefinger belehren. Jeder soll für sich entscheiden, ob er Tiere isst oder nicht. Ich kann nur von mir sagen, dass ich seit 27 Jahren Vegetarier bin und mich dadurch sehr rein erlebe. Ich denke, dass die Erde viel friedlicher wäre, wenn nicht so unglaublich viele Tiere jeden Tag getötet würden.

Ich denke, dass die Erde zusätzlich große Befreiung erlangen würde, wenn wir alle Religionen abschafften. Religionen behaupten, dass sie den richtigen Zugang zu Gott haben oder den einzig Wahren Gott gefunden haben und vermitteln. Es gibt nur einen Gott, der für alle gleich ist, egal wie er vom Einzelnen erklärt oder benannt wird. Zumeist überliefern Religionen Erfahrungen und Geschichten die oft falsch interpretiert sind. Wir sind alle Gottes Kinder und sind alle gleichwertige göttliche Wesen. Wenn dies erkannt ist, kann Gott als selbstverständlich gesehen werden. Es lösen sich alle Unterschiede auf und man erfährt Einheit. Es gibt einen großen Unterschied zwischen Glauben und Erfahren. Wer glaubt, hofft; wer erfährt, ist. Das klingt überheblich, ist aber bescheiden. Für den, der Bescheidenheit lebt, ist alles erfüllt. Man verpasst nichts mehr und alles kann so genommen werden, wie es ist. Gott ist der, der ist. Ich bin, also bin ich Gott. Warum können wir uns das oft selbst nicht gönnen? Jemand, der sich alles gönnt, kann trotzdem zutiefst bescheiden sein. Er nimmt einfach an, was ist, ohne es zu bewerten und ohne überheblich zu sein. Dies ist aus meiner Sicht tiefste Zufriedenheit. Frieden ist in dir, wenn du zufrieden bist.